Ortega y Gasset

Gilberto Heleno

Ortega y Gasset

DIREÇÃO EDITORIAL:
Marlos Aurélio

CONSELHO EDITORIAL:
Fábio E. R. Silva
Márcio Fabri dos Anjos
Mauro Vilela

COPIDESQUE E REVISÃO:
Pedro Paulo Rolim Assunção
Thalita de Paula

DIAGRAMAÇÃO:
Tatiana Alleoni Crivellari

CAPA:
Tatiane Santos de Oliveira

Todos os direitos em língua portuguesa, para o Brasil, reservados à Editora Ideias & Letras, 2019.

1ª impressão

Rua Barão de Itapetininga, 274
República - São Paulo/SP
Cep: 01042-000 – (11) 3862-4831
Televendas: 0800 777 6004
vendas@ideiaseletras.com.br
www.ideiaseletras.com.br

**Dados Internacionais de Catalogação na Publicação (CIP)
de acordo com ISBD**

Ortega y Gasset/Gilberto Heleno.
São Paulo: Ideias & Letras, 2019.
272 p.; 11,5 cm x 20cm. – (Pensamento Dinâmico)
Inclui bibliografia.
ISBN: 978-85-5580-055-9

1. Filosofia. 2. Filosofia Ocidental. 3. Filosofia Moderna.
I. Título. II. Série.

2019-31
CDD 100
CDU 1

Elaborado por Vagner Rodolfo da Silva - CRB-8/9410
Índices para catálogo sistemático:
1. Filosofia 100
2. Filosofia 1

Sumário

I. José Ortega y Gasset e suas circunstâncias | 7

1. Ortega e a Espanha do seu tempo | 38

2. Ortega e a geração de 98 | 47

3. Ortega e Unamuno | 63

4. Ortega e os seus primeiros anos na Alemanha | 73

5. Ortega, o periodismo e a vida intelectual | 91

II. Ortega e sua metafísica | 105

1. Do idealismo ao raciovitalismo | 107

2. O raciovitalismo como o tema do nosso tempo | 120

3. A vida como realidade radical | 133

4. A crítica ao racionalismo | 145

5. O Eu | 154

6. A circunstância | 159

7. Perspectivismo e ponto de vista | 169

8. Teoria do conceito | 174

9. Latente e patente: os dois níveis de realidade | 180

III. Em cena, o homem | 191

1. O outro | 208

2. O homem e o outro: relação social/dissocial |211

3. Massas vulgares *versus* minorias melhores |216

4. Homem-massa e o homem-nobre |223

5. O homem-massa e a técnica |231

6. A técnica como triunfo do homem-massa |235

7. Democracia ou hiperdemocracia |241

8. Um programa de vida para a Europa |250

Referências |263

1. José Ortega y Gasset e suas circunstâncias

José Ortega y Gasset colocou para si o desafio de compreender a Espanha e o homem espanhol. Para tentar entender os temas-chave do sistema filosófico desse autor, torna-se necessário investigar as circunstâncias em que viveu, as influências que recebeu, bem como suas intuições originais, pois ele próprio ensinava que a verdadeira substância de uma história da filosofia é a sua necessária articulação com o homem que a produziu.

Ortega nasceu em Madri, no dia 8 de maio de 1883. Tempos depois, brincando e, ao mesmo tempo, justificando-se pelo grande número de artigos e resenhas que escrevia para diversos periódicos, afirma que nasceu em cima de uma rotativa, já que o seu pai, José Ortega Munilla, era jornalista, e sua mãe, Dolores Gasset, era filha de Eduardo Gasset, proprietário e fundador do jornal mais poderoso e influente de Madri naquela época, o *El Imparcial*, para o qual escreviam intelectuais e literatos de renome. A família Ortega y Gasset era o que se chamava à época uma "família conhecida", ou seja, membro da elite de Madri, porém, com mais prestígio que dinheiro. Ortega Munilla era um pai tradicional e autoritário. Dolores, pelo contrário, era bastante gentil e dona de uma fé católica bastante firme. Com parte dos homens da família envolvida em política e outra parte envolvida na imprensa, "Ortega assiste a tudo desde o coração do sistema",[1] o que lhe concede uma grande vantagem ao escrever sobre cultura, política, religião, ou seja, os grandes temas que movem a Espanha. Com uma família assim, ganha uma visão privilegiada tanto da sociedade como da política espanhola.

Na infância, Ortega chama atenção pela fina inteligência, sendo alvo dos elogios de seu preceptor, dom Manuel Martinez: "Pepito é o menino mais inteligente que eu tive em toda a minha vida de professor. Às vezes me dá a impressão que por si só já sabe as coisas que pretendo lhe ensinar".[2] Ainda que muito atento aos estudos, o pequeno José não abria mão das brincadeiras próprias de infância com o seu irmão maior, Eduardo. Seus outros dois irmãos, Rafaela e Manuel, eram ainda muito pequenos e, por isso, impedidos de participar das artes e travessuras dos maiores.

Uma das primeiríssimas influências de Ortega foram, sem dúvida, os muitos livros da biblioteca pessoal de seu pai, que certamente era muito variada, uma vez que Ortega Munilla era o responsável pela sessão literária do periódico *El Imparcial*, bastante lida e respeitada, intitulada *El Lunes del Imparcial*. Munilla incentivava o rapazote a ler os grandes autores franceses.

Para além da biblioteca, os muitos encontros intelectuais – as tertúlias – que Ortega Munilla fazia em sua própria casa também eram ocasiões para seu

---
1 GRACIA, J. *José Ortega y Gasset*. Madri: Taurus, 2014, p. 33.
2 ORTEGA SPOTTORNO, J. *Los Ortega*. Madri: Taurus, 2002, p. 134.

filho, ainda muito jovem, aprender. A vida intelectual de José Ortega foi se forjando ainda naquela época, quando, em meio ao saboroso *cocido madrileño* preparado para o jantar, discutia-se cultura, política e costumes. Eduardo relata: "ali meu irmão José praticou a engenhosa e difícil esgrima da palavra e logrou o domínio de si mesmo já na puberdade".[3] Ortega tinha, naquele tempo, tantas ideias e intuições que não sabia o que fazer com elas, a ponto de certa vez desabafar com Eduardo: "levantam em mim ideias aos bandos e não sei o que fazer para retê-las. Temo que me escapem, ainda que esteja seguro que voltarão".[4]

Depois da alfabetização inicial com preceptores particulares, a família achou melhor matricular os dois irmãos maiores, Eduardo e José, em um bom colégio para que dessem prosseguimento aos estudos. Devido ao cuidado religioso de Dolores, que queria assegurar aos filhos uma educação confessional católica, o colégio escolhido foi o San Estanislao de Miraflores de El Palo, em Málaga, sob direção dos padres jesuítas. José se sai muito bem nos estudos, ganhando vários prêmios de destaque em sala de aula; contudo, este é um tempo que não lhe deixa boas recordações, justamente por causa dos padres jesuítas – Ortega não os suportava. Com efeito, anos depois escreve à sua noiva, que à época fazia direção espiritual com um jesuíta, dizendo: "como gozam

---
3 *Ibid.*, p. 139.
4 *Ibid.*, p. 135.

esses homens em vestir de negro a vida!".[5] Para ele, o grande defeito dos padres jesuítas, mais do que todos os outros, é a ignorância. Não obstante a sua má vontade com eles, foram os sacerdotes que o introduziram na língua grega, o que lhe seria bastante útil no futuro. Especialmente um tal Padre Gonzalo Coloma, que lhe ensinou o grego e o latim, iniciando, assim, a formação clássica do autor, fato que muito o ajudou em seus estudos.

Ortega, aos 14 anos, recebeu o título de "bachiller", em 23 de outubro de 1897, qualificando-se assim para os estudos universitários. Nesta idade, já se percebia que seria um jovem de baixa estatura, magro e de cabeça avantajada. Ainda que não fosse dono de uma beleza particular, possuía uma voz persuasiva e covinhas nas bochechas, que lhe davam um certo encanto. Ele trazia consigo a certeza do que queria ser: filósofo. Essa certeza o faz entrar em conflito com seu pai, que preferia que se formasse em Direito. Foi o Padre Gonzalo Coloma, por quem Ortega Munilla tinha grande consideração, que convenceu o pai do jovem a permitir que o filho abandonasse o curso de Direito e Letras, em Deusto, e abraçasse o de Filosofia na Universidade de Madri.

No pouco tempo em que foi aluno de Direito na Universidade de Deusto, em Bilbao, mais precisamente entre 1897 e 1898, Ortega teve o primeiro contato com Miguel de Unamuno, expoente da

---
5 ORTEGA, S. (Org.). *José Ortega y Gasset: Cartas de un Joven Español*. Madri: El Arquero, 1991, p. 317.

filosofia ibérica e reitor da Universidade de Salamanca, que se torna seu amigo e confidente e, ao mesmo tempo, seu antagonista no campo das ideias. Com efeito, a prova de qualificação na língua grega, uma exigência do curso de Direito, foi aplicada por Unamuno, uma vez que a Universidade de Deusto era coligada à de Salamanca.

Assim, finalmente, aos 16 anos de idade, Ortega se matricula na Universidade Central de Madri para fazer o curso que daria sentido a sua vida, licenciando-se em 1902. Em dezembro de 1904, concluiu o doutorado na mesma universidade com uma tese intitulada *Los Terrores del Año Mil*. Seguro da decisão tomada, mais tarde escreve ao grande amigo Navarro Ledesma, dizendo: "não há dúvidas que os homens nobres vieram ao mundo para filosofar e não outra coisa".[6] Para Manuel García Morente, o que levou Ortega à filosofia não foram elucubrações abstratas, mas uma necessidade radical de encontrar respostas para o problema do ser e da existência, a urgência de um autêntico pensador que sentia-se obrigado a enfrentar os problemas em suas dimensões mais profundas.[7]

Entre os seus professores estava Nicolás Salmeron, da linha krausista, bastante influente na Espanha daquele tempo. Para Ortega, porém, o Krausismo ensinado em espanhol era o passado, e ele mirava o futuro; e o futuro era a Alemanha e a filosofia idealista que

---
6 *Ibid.*, p. 600.
7 GARCÍA MORENTE, M. *Carta a un Amico su Evolución Filosófica. Ortega y su Tiempo*. Madri: Ministerio de Cultura/Palacio de Velázquez del Retiro, mai.-jul. 1983, p. 19.

assimilaria através dos neokantianos Cohen e Natorp. Além de admirar a filosofia alemã, Ortega precocemente se lançou às múltiplas leituras, privilegiando as de língua francesa, língua que dominava bem e que lhe servia como segundo idioma.

Com os intelectuais franceses Ernest Renan e Maurie Barrès, Ortega aprendeu, antes de tudo, "o estilo, a perfeição formal, unida à emoção comunicativa",[8] e via neles um formidável estímulo. Mas havia um outro interesse por sua parte: as obras desses intelectuais apontavam para a Alemanha, vindo ao encontro da vocação germanista do então jovem estudante madrilenho. Renan e Barrès, a partir de seus romances, muito admirados por Ortega já desde sua mocidade,[9] mostravam uma Alemanha que se empenhava seriamente no cultivo da ciência. A França, terra desses autores, que padecia "desde 1870 de um complexo de inferioridade histórica, assinalava a Alemanha como norte da ciência".[10] Ortega considerava que "o mais provável é que o mundo se ordene novamente segundo o compasso germânico",[11] e Barrès, ainda que não diretamente, tratava desses temas em seus últimos livros.[12]

Portanto, para Ortega, era extremamente necessário que a Espanha procurasse outra fonte filosófica para nutrir-se que não a francesa, que a seu ver havia

---
8 CACHO VIU, V. *Los Intelectuales y la Política*. Madri: Biblioteca Nueva, 2000, p. 48.
9 *Id., Ibid.*
10 *Ibid.*, p. 49.
11 ORTEGA Y GASSET, J. *Obras Completas*, t. 4, p. 470.
12 *Id., Ibid.*

secado. Ele sentia que já havia tocado com o pé a profundidade da cultura francesa e estava convicto que a Espanha não podia mais nutrir-se da França.[13] Para ele, esse era motivo que bastava para procurar outras nascentes. Porém, só via uma: a Alemanha. "Compreendi que era necessário para minha Espanha absorver a cultura alemã, tragá-la – um novo e magnífico alimento".[14] Para ele era claro: a Espanha necessitava da Alemanha.

Em meados de fevereiro de 1905, dotado dessas convicções, Ortega mudou-se para Leipzig, pequena cidade alemã, feiíssima em sua opinião, onde ficou até setembro daquele mesmo ano. Trazia uma certeza: "Alemanha é uma etapa característica da minha vida; a energia, a força do meu espírito procederá de minha iniciação alemã".[15] Em outubro do mesmo ano, mudou-se para Berlim, onde permaneceu até fevereiro de 1906. Como era de se esperar, encontrou muitas dificuldades naquele início, desde o desafio de aprender a língua alemã até a escassez de recursos, já que para tudo dependia financeiramente dos pais, que não eram ricos. Por isso, propôs mais à frente pagar parte das despesas, ainda que fosse um mínimo, e pediu que os pais mandassem dinheiro apenas para ele comer e dormir, pois "os extraordinários, livros, trajes, etc., espero conseguir manter eu mesmo por meio de traduções".[16]

---

13 *Id. Obras Completas*, t. 9, p. 24.
14 *Id., Ibid.*
15 ORTEGA, S. (Org.). *José Ortega y Gasset: Cartas de un Joven Español*. Madri: El Arquero, 1991, p. 556.
16 *Ibid.*, p. 143.

Ainda assim, com relativamente pouco dinheiro, tendo dificuldades com a língua e os costumes alemães – na Alemanha come-se pouco, apenas um terço do que se come em Madri![17] –, ele escreveu dizendo à mãe: "estou feliz e animadíssimo".[18] Tinha desafiado a si mesmo e estava lá onde julgava ser o lugar mais excelente para "estudar e buscar sua autêntica vocação".[19] Para Manuel García Morente, a intuição de Ortega de fazer sua formação filosófica na Alemanha foi decisiva para sua carreira como filósofo: "Kant deu ao pensamento de Ortega uma base (...) começou Ortega a dilatar sua visão filosófica, a robustecer sua intuição pessoal, a aquilatar seu próprio problema".[20]

Já matriculado na Universidade de Berlim, numa sexta-feira, 24 de novembro de 1905, escreveu aos pais muito satisfeito e com um entusiasmo típico dos jovens, consciente de que, além dos estudos propriamente ditos, a Alemanha lhe dava também toda uma estrutura cultural que era inexistente na Espanha natal: "estou muito contente com as aulas da universidade, as bibliotecas, museus, etc. Realmente quem pode viver aqui três ou quatro anos fica sábio sem querer".[21] E, à sua noiva, confidenciou: "cada dia compreendo melhor a grande decisão de vir

---
17 ORTEGA SPOTTORNO, J. *Los Ortega*. Madri: Taurus, 2002, p. 164.
18 ORTEGA, S. (Org.). *José Ortega y Gasset: Cartas de un Joven Español*. Madri: El Arquero, 1991, p. 143.
19 ORTEGA SPOTTORNO, J. *Los Ortega*. Madri: Taurus, 2002, p. 155.
20 GARCÍA MORENTE, M. *Carta a un Amico su Evolución Filosófica. Ortega y su Tiempo*. Madri: Ministerio de Cultura/Palacio de Velázquez del Retiro, mai.-jul. 1983, p. 19.
21 ORTEGA, S. (Org.). *José Ortega y Gasset: Cartas de un Joven Español*. Madri: El Arquero, 1991, p. 222.

morar aqui, e reconheço a tremenda influência que esta viagem significará para o resto dos meus dias e para minha pátria".[22] A barreira que encontrava naqueles primeiros meses era a dificuldade em falar a língua alemã: "sem saber o idioma é como se fosse um recém-nascido. Se perde em absoluto a mais precisa confiança em si mesmo e as ideias ou não existem ou são infantis".[23] E, além da dificuldade da língua, lidava também com a dificuldade natural da filosofia de Kant: "ali tive o primeiro corpo a corpo desesperado com a *Crítica da Razão Pura*, que oferece tão enormes dificuldades a uma cabeça latina".[24]

Não demorou muito em começar a comparar Alemanha e Espanha, com evidente prejuízo para a última. Alemanha possuía "um povo moral e organizado, um povo otimista e confiante";[25] a Espanha, ao contrário, um "povo imoral, decomposto como um cadáver, pessimista".[26] E profetizava: "oxalá que outros espanhóis inteligentes possam fazer o que eu tenho feito".[27] A Alemanha era "uma terra ideal para a razão",[28] tão em falta em sua querida Espanha. Ortega projetava o futuro, imaginando-se como uma das poucas lideranças intelectuais no cenário espanhol: "creio firmemente que na Espanha hoje não exista

---

22 *Ibid.*, p. 300.
23 *Ibid.*, p. 589.
24 ORTEGA Y GASSET, J. *Obras Completas*, t. 9, p. 26.
25 ORTEGA, S. (Org.). *José Ortega y Gasset: Cartas de un Joven Español*. Madri: El Arquero, 1991, p. 27.
26 *Ibid.*, p. 27.
27 *Ibid.*, p. 228.
28 *Ibid.*, p. 247.

mais que dois ou três homens que saibam suficiente filosofia. Eu aspiro saber toda. Veremos se tenho força de trabalho".[29] E, como não tinha com quem falar naqueles primeiros momentos, pois conversar em alemão lhe soava quase impossível, desafogava-se escrevendo cartas à noiva. Em uma delas, narra sua rotina: "me levanto muito cedo e não saio até as 12h, hora de comer; logo retorno à casa ou vou à biblioteca até as 16h, em que tenho aulas, até as 18h uns dias, até as 20h, outros. Retorno à casa para jantar e trabalho até as 23h ou 23h30".[30]

Na correspondência que manteve com seus pais durante a primeira etapa na Alemanha, Ortega se mostrou um filho atento, carinhoso e muito preocupado, a ponto de querer resolver os problemas de casa a partir dali, emitia "juízos e análises, prognósticos e recomendações, insinuações de futuro e ajudas pensadas para cada um".[31] A liderança que queria exercitar na Espanha e na Europa começou a ser exercitada na família. Desempenhava um papel ordenador, sendo ao mesmo tempo muito cuidadoso para, com suas interferências, não ferir suscetibilidades paternas.

Certa vez, estando o pai aborrecido com o comodismo do filho mais velho, Ortega o aconselhou: "o que me dizes de Eduardo não me parece justo. Eduardo é um homem em toda santa extensão da

---
29 ORTEGA Y GASSET, J. *Obras Completas*, t. 9, p. 114.
30 ORTEGA, S. (Org.). *José Ortega y Gasset: Cartas de un Joven Español*. Madri: El Arquero, 1991, p. 547.
31 GRACIA, J. *José Ortega y Gasset*. Madri: Taurus, 2014, p. 69.

palavra: apenas falta-lhe um pouco de decisão, nada mais".[32] E, com um truque de retórica para convencer o pai dos seus argumentos, arrematava a conversa apelando para a própria condição do filósofo, que conserva consigo certo relativismo com relação à vida: "[Eduardo] é uma planta formosíssima, da qual se deve cuidar porque não tem o meu egoísmo rígido, que me ensinou a cuidar de mim mesmo. Eu sou um gréculo. Nós gréculos temos renunciado a viver, não somos carne nem peixe, somos apenas espectadores".[33] Em outra ocasião, detectando uma leve depressão no comportamento e nas palavras do pai, que reclamava a sua presença em Madri, lhe escreveu animando-o e, ao mesmo tempo, fazendo uma breve teoria sobre o valor da vida: "creio que se deve viver sem esperanças, mas ainda assim, fazer da vida algo agradável: temos ilusões e as perdemos, e então falamos que viver não vale a pena. Mas quem nos deu permissão para criarmos ilusões? Equivocadas são as ilusões, e não a vida: porque esta é o real e o real não pode de nenhuma maneira ser imperfeito".[34]

Nas cartas trocadas entre Ortega pai e Ortega filho, é possível entrever uma disputa intelectual entre eles, ainda que mais por parte do filho do que do pai. Ortega tinha um grande amor filial ao pai, mas, em quase tudo, pensava diferente dele.[35] Uma das

---
32 ORTEGA, S. (Org.). *José Ortega y Gasset: Cartas de un Joven Español*. Madri: El Arquero, 1991, p. 208.
33 *Id., Ibid.*
34 *Ibid.*, p. 180.
35 *Ibid.*, p. 265.

disputas nasceu de um artigo que Munilla publica no *Lunes de El Imparcial* sobre uma novela de Luiz López-Ballesteros, intitulada *La cueva de los buhos*. Para Ortega, além de ser muito condescendente com o novelista, o pai se equivoca em algumas afirmações e conceitos, tornando, assim, o artigo um tanto quanto confuso. Ali, o pai erra, por exemplo, em uma afirmação sobre o conceito de verdade, no que o filho o corrige: "A respeito de que 'a água da verdade não brota em parte alguma' digo: não brota onde não se busca. A verdade, por definição, não se dá em estado nativo, é preciso fazê-la. A humanidade levou 'centenas de séculos nesta tarefa, com dias tristes e dias luminosos', e não se pode agora cancelar toda essa história com uma canetada. Seria considerar que séculos de uma busca histórica da verdade seriam 'séculos de imbecilidade'. Para buscar a verdade é preciso 'saber o que se busca'".[36]

Em 1907, por conta de uma modesta bolsa de estudos conquistada por meio de um concurso, Ortega foi a Berlim e, depois, a Marburgo, onde estudou ética e estética kantianas com Hermann Cohen e psicologia e pedagogia com Paul Natorp, ambos neokantianos. Ele desejava muito estudar com Cohen e considerava-o uma mente poderosíssima. Sendo um pesquisador e professor rigoroso, a filosofia devia muito a Cohen, que a fez subir de nível: "Cohen nos obrigou a tomar contato íntimo com

---

36 *Ibid.*, p. 278

a filosofia difícil".³⁷ Para ele, "com um pouco de sol, Berlim era a cidade mais alegre do mundo".³⁸ Em Marburgo, construiu uma amizade com Nicolai Hartmann e admirava a sua paixão pelo violoncelo. Sobre essa estadia, ele disse, anos depois: "Marburgo era o burgo do neokantismo. Se vivia dentro da filosofia neokantiana como em uma cidadela sitiada, em perpétuo. Em Marburgo se lia somente Kant e, previamente traduzidos ao kantismo, a Platão, a Descartes, a Leibniz".³⁹ O rei da cidadela era Cohen.

As dificuldades financeiras, no entanto, continuavam para o espanhol, pois era pouco o que recebia pela bolsa de estudos, dinheiro que ficava ainda menor pela obrigação de converter a moeda espanhola pela alemã. Mas, ainda assim, todo esforço valia a pena, dado o retorno que obtinha ao aumentar seus conhecimentos: "eu só podia comer, de vez em quando, nos automáticos 'Aschinger'. Em troca, tinha as bibliotecas, onde compensava minha voracidade".⁴⁰

Retornando a sua Madri, assumiu, em 1 de setembro de 1909, a cátedra de Psicologia, Lógica e Ética da Escola Superior de Magistério. Agora, como já ganhava o seu próprio dinheiro e com uma profissão estável, era o momento adequado para contrair matrimônio. Ortega havia conhecido a jovem Rosa Spottorno quando tinha ainda 19

---
37 ORTEGA Y GASSET, J. *Obras Completas*, t. 9, p. 27
38 *Id. Obras Completas*, t. 1, p. 44.
39 *Id. Obras Completas*, t. 9, p. 27.
40 *Ibid.*, p. 26.

anos e ela 18. Depois de um noivado de seis anos, parte deles com Ortega morando na Alemanha, o jovem casal oficializou o matrimônio no dia 07 de abril de 1910, unindo assim as famílias Ortega e Spottorno. Eram famílias que, mesmo não sendo ricas, pertenciam à burguesia liberal e tiravam o sustento de suas profissões. Esse foi um passo importantíssimo na vida de Ortega, pois favoreceu sua vida de pensador: "ele gosta do ambiente estável e prefixado, dos horários regulares, da previsibilidade das rotinas e da exatidão das coisas em seu lugar".[41] O casamento lhe trouxe ainda maior autonomia e liberdade, uma vez que adquiriu a sua própria casa, o que representou "uma forma de domínio definitivo de seu próprio futuro e de sua vida, uma forma de controle pleno de seu tempo e suas plurais vocações".[42] Enfim, para ele, vida boa era constituir família e morar em uma pequena cidade, "formar-se uma grande cidade dentro da alma e rodear-se de uma pequena cidade, o corpo".[43]

Ortega perdera a fé em Deus e na Igreja ainda na mocidade e levou esse ateísmo por toda a sua vida. Prova disso foi a forma do seu matrimônio com Rosa: aquela permitida pelo Código de Direito Canônico Católico, entre um não crente, ele, e um católico, ela. O rapaz se casou no religioso não por convicção própria, e sim para satisfazer a

---
41 GRACIA, J. *José Ortega y Gasset*. Madri: Taurus, 2014, p. 63.
42 *Ibid.*, p. 121.
43 ORTEGA, S. (Org.). *José Ortega y Gasset: Cartas de un Joven Español*. Madri: El Arquero, 1991, p. 282.

jovem Rosa. Muitos anos depois, Soledad Ortega perguntou ao pai porque eles, os filhos, foram educados na fé católica, se ele não professava fé alguma. Respondeu que tratava-se de um compromisso assumido ao se casar[44] e, também, de uma preocupação em não criar problemas aos filhos, que seriam obrigados a justificar o seu ateísmo aos coleguinhas de escola, já que "na Espanha o normal é ser católico, ao menos exteriormente".[45]

Certa vez, discutindo com Miguel de Unamuno, ao falar do divino, Ortega excluiu aquele "revelado mediante sacerdotes".[46] Ele seguiu sendo ateu sem o mínimo conflito de consciência, e assim formatou toda a sua vida, com aquilo que julgava ser um saudável laicismo. Para Soledad Ortega, o pai "teve o cuidado em informar acatolicamente todos os atos de sua existência".[47] Ao desculpar-se à noiva por um ataque de ira, disse que não queria o perdão de Deus, porque "como não creio em um Deus que fez as leis, não tenho direito de crer em um Deus que perdoe a não obediência à lei".[48]

Ortega, antes do casamento, preocupava-se com a influência que os padres jesuítas poderiam exercer sobre sua futura esposa, uma vez que Rosa

---

44 ORTEGA, S. *José Ortega y Gasset: Imágenes de una Vita (1883-1955)*. Madri: Font Diestre, 1983, p. 29.
45 *Id., Ibid*.
46 ROBLES, L. (Org.). *Epistolário Ortega-Unamuno*. Madri: El Arquero, 1987, p. 73.
47 ORTEGA, S. *José Ortega y Gasset: Imágenes de una Vita (1883-1955)*. Madri: Font Diestre, 1983, p. 29.
48 ORTEGA, S. (Org.). *José Ortega y Gasset: Cartas de un Joven Español*. Madri: El Arquero, 1991, p. 410.

fazia direção espiritual com um deles. Vendo que ela, ao menos em um primeiro instante, não se deixava influenciar pelos padres, a elogiava: "eles não conseguiram te convencer que o mundo é desprezível e a vida uma coisa oca".[49] E, aproveitando o momento, deixava claro para Rosa que saber o que é o bem e o que é o mal independe de crer ou não em Deus; a vida é o que é: "perguntar-se se a vida é boa ou má pode-se fazê-lo somente se colocando fora da vida: quer dizer, em um estado de enfermidade, seja do corpo, seja da alma. Não senhor, o ser forte e são admite, com uma grande, franca e valente afirmação da vida, assim, que de nada adianta pensar se é boa ou má".[50] Uma ou outra vez, quando Rosa mostrava-se reticente às suas investidas de namorado um pouco mais ousado, ele mais uma vez culpava os padres, que com as suas doutrinas não deixavam fluir livre a força do corpo: "dizer que o homem é algo mal ou defeituoso porque tem corpo é uma coisa que carece de sentido, é como dizer que um círculo não deve ser redondo".[51] E voltava às acusações, com a insistência dos amantes: "renegar o corpo, colocar-lhe freios, como fazem os padres, me parece um crime ou pelo menos uma imbecilidade; porque equivale a renegar a nós mesmos".[52] E arrematava: "amor que seja apenas uma coisa aérea e volátil não

---
49 *Ibid.*, p. 330.
50 *Id., Ibid.*
51 *Ibid.*, p. 373.
52 *Id., Ibid.*

existe (...)".⁵³ Eis aí um Ortega "cada vez menos contemplativo, mais sonhadoramente físico e mais eroticamente entusiasta".⁵⁴

Em outra ocasião, faz uma crítica devastadora à Igreja, considerando ela e seus membros como "administradores da grande mina de ouro e de mando que se chama Fé".⁵⁵ E distinguia igreja de religião: "a religião é coisa muito distinta da Igreja, dos padres, etc.",⁵⁶ culpando a Igreja pela derrocada da Espanha: "olhe a Espanha e veja como acaba um povo entregue à Igreja".⁵⁷ E completa, arrasador: "quanto mais respeito sinto pela religião, mais desdém sinto pelo catolicismo".⁵⁸ Porém, é possível afirmar que, a seu modo, Ortega nutre sim certa religiosidade, que pode ser considerada racional e laica, absolutamente humanista: "consiste sobretudo no respeito pleno pelo outro e sua complexidade; consiste em entender o universo como problema que há de ser resolvido, como 'dolorosa incógnita obsessiva e opressiva', porém, não paralisante ou inibidora por consolação sentimental".⁵⁹ A fé em Deus que faltava em Ortega sobrava em sua esposa, Rosa Spottorno. Dona de um temperamento sereno, tornou-se o porto seguro que Ortega precisava em meio as

---
53 *Id., Ibid.*
54 GRACIA, J. *José Ortega y Gasset*. Madri: Taurus, 2014, p. 53.
55 ORTEGA, S. (Org.). *José Ortega y Gasset: Cartas de un Joven Español*. Madri: El Arquero, 1991, p. 553.
56 *Id., Ibid.*
57 *Id., Ibid.*
58 *Ibid.*, p. 561.
59 GRACIA, J. *José Ortega y Gasset*. Madri: Taurus, 2014, p. 93.

suas múltiplas atividades e inquietudes. Para Soledad Ortega, tudo aquilo que o pai construíra, dever-se-ia muito à dedicação incansável de sua mãe, à sua "serena companhia" e à "tranquilidade que se encontrava em casa".⁶⁰ E eram tantas atividades que o próprio Ortega reclamava para quem quisesse ouvir: "eu tenho que ser professor universitário, colunista, literato, político, palestrante, toureiro, homem do mundo, pároco e não sei quantas coisas mais".⁶¹

Em 1910, logo depois do seu casamento e uma curta lua de mel no *El Escorial*, pequeno povoado situado nos arredores de Madri, onde fica o famoso mosteiro medieval que leva o mesmo nome, Ortega retorna mais uma vez à Alemanha, precisamente em Marburgo, agora ao lado de sua esposa, graças a uma bolsa de estudos que recebe da *Junta para Ampliación de Estudios*. Ali nasce o seu primeiro filho, no dia de São Germano, e que por isso levará o nome de Miguel Germán. Ortega, se pudesse, ficaria um longo tempo em Marburgo estudando e cultivando suas amizades alemãs, mas "o estado de seu de seu pai, mesmo sem ser 'enfermidade perigosa', o obriga a abandonar as funções que desempenha há anos na empresa, e Ortega teve que retornar de forma prematura em dezembro de 1911".⁶² Assim, Ortega faz seu retorno definitivo para a Espanha. E que Espanha encontra? Quem conta é o filósofo e amigo de Ortega, Manuel García

---

60 ORTEGA, S. *José Ortega y Gasset: Imágenes de una Vita (1883-1955)*. Madri: Font Diestre, 1983, p. 28.
61 ORTEGA Y GASSET, J. *Obras Completas*, t. 9, p. 16.
62 GRACIA, J. *José Ortega y Gasset*. Madri: Taurus, 2014, p. 141.

Morente: "naquele momento, a filosofia na Espanha não existia. Seguidores medíocres da escolástica, resíduos informes do positivismo, místicas trevas do krausismo, haviam desviado o pensamento espanhol da trajetória viva do pensamento universal, recuando-o aos rincões excêntricos, inatuais, extemporâneos".[63] Ortega chega para salvar a Espanha.

O cenário político no qual Ortega operou toda a sua filosofia e a sua vocação de pensador a partir do espaço público envolvido nos fatos mais relevantes de sua pátria foi bastante conturbado. Eram os últimos anos da Restauração Canovista, que agonizou até 1923, vindo tomar o seu lugar os seis anos da ditadura do general Primo de Rivera, a caída da monarquia e os quase seis anos da República, culminando com o início da Guerra Civil em 1936, com o posterior triunfo da ditadura do General Franco.

Em janeiro de 1912, Ortega toma posse da cátedra de metafísica na Universidade de Madri, que havia obtido por concurso em 1910, e orgulha-se de ser "uma das cem pessoas da Europa que se submeteu ao tormento maior de ler os três tomos do pesadelo fundamentado que é a Lógica de Hegel".[64] Ele agora se sente à vontade para lecionar, escrever livros, participar do debate público na Espanha e todas as outras coisas esperadas de um pensador ativo, passando a colaborar com vários periódicos. Assim, os feitos de

---
63 GARCÍA MORENTE, M. *Carta a un Amico su Evolución Filosófica. Ortega y su Tiempo*. Madri: Ministerio de Cultura/Palacio de Velázquez del Retiro, mai.-jul. 1983, p. 18.
64 GRACIA, J. *José Ortega y Gasset*. Madri: Taurus, 2014, p. 142.

Ortega no cenário intelectual espanhol "se acumulam de forma acelerada, brilhante, suntuosa".[65] Na universidade, leciona desde estética à antropologia. Em suas aulas, Ortega repetia o método ao qual havia sido submetido na Alemanha como aluno: seções de leituras do autor em questão seguidas por comentários e explicações. Para ele, um estudante acomodado jamais saberia dominar os métodos de investigação filosófica. Por isso, o estudante não apenas deveria ler os livros de filosofia, mas "abordá-los como problemas, vivê-los como conflito e reconstruí-los mediante a própria meditação".[66]

Ortega vai alcançando fama de excelente professor. Maria Maetzu, uma de suas primeiras alunas e também amiga, relata: "em suas primeiras classes, Ortega se concentrava em um livro, o Teeteto de Platão, por exemplo, que acabara de tirar de uma pasta de couro, com um discurso expressivo e vivaz, pleno das habituais metáforas e imagens que deixam a todos maravilhados e fundam seu imediato prestígio como professor".[67] Dono de uma fina pedagogia, sabia prender a atenção do aluno: "quase todos recordam a capacidade hipnótica de Ortega como professor que enreda o ânimo e a curiosidade do ouvinte em propositais exageros, metáforas múltiplas e uma franqueza de juízo, sobre ele e sobre os demais, que podia deixar lívidos os seus ouvintes".[68]

---

65 *Ibid.*, p. 137.
66 *Ibid.*, p. 143.
67 *Ibid.*, p. 106.
68 *Ibid.*, p. 144.

Seus cursos trazem também como conteúdo "a ressurreição do idealismo com Kant e os pós-kantianos, graças à fenomenologia de Husserl, tendo como pano de fundo a hegemonia do positivismo do século XIX".[69]

O filósofo começa a dar palestras e conferências em toda Madri, frequentadas não apenas por iniciantes em filosofia, mas também por professores, intelectuais e uma multidão de curiosos. Pulsava dentro de Ortega o professor e o político, e tinha dúvidas sobre a qual personagem deveria dar azo: "devo tomar a via sossegada e oculta do homem privado, do escritor, do sábio, ou a outra mais agitada, do criador de um povo, do político no alto sentido da palavra".[70] Há momentos no decorrer de sua história que um ou outro se sobressai e, assim, Ortega ficou conhecido como um homem da teoria e da ação.

No verão de 1916, Ortega, juntamente com seu pai, Ortega Munilla, faz sua primeira viagem à Argentina. Ali, ministra palestras e vários cursos, sendo estes os primeiros passos que permitem a Ortega construir uma sólida carreira literária e de pensador em terras hispanoamericanas: "o êxito das conferências do jovem professor espanhol são já de domínio público".[71] Ortega participa ativamente da vida intelectual argentina, fazendo várias

---

69 *Ibid.*, p. 145.
70 ORTEGA, S. (Org.). *José Ortega y Gasset: Cartas de un Joven Español*. Madri: El Arquero, 1991, p. 455.
71 ORTEGA, S. *José Ortega y Gasset: Imágenes de una Vita (1883-1955)*. Madri: Font Diestre, 1983, p. 35.

amizades, sobretudo com Victoria Ocampo, escritora de família muito rica, à época bastante jovem, pela qual Ortega se enamora. Mas onde parte dos críticos vê enamoramento, a filha de Ortega vê apenas amizade e admiração, defendendo-o: "meu pai sempre sentiu atração e entusiasmo pela mulher culta, pela mulher refinada".[72]

A relação entre Ortega e Victoria Ocampo, cheia de idas e vindas, não foi fácil. A moça argentina via no espanhol um machista incorrigível. Tendo Victoria razão ou não, o fato é que, Ortega, ainda na Alemanha, envia ao pai um artigo para ser publicado no periódico *El Imparcial*, em que discorre sobre o Encontro das Senhoras Progressistas, ocorrida em Berlim, ao qual muito jocosamente dá o nome de Congresso das Valquírias, e chama as mulheres de "filhas progressistas de Eva". Para Ortega, é espantoso que queiram "juízas e advogadas, a reforma do código penal sobre os abusos masculinos".[73] Ortega desaprova profundamente que a mulher se meta em questões dessa natureza, pois deve antes de tudo ser mãe e alma da família, exatamente o que ele exigia de Rosa Spottorno, sua esposa. "Deus nos livre das mulheres que saem à conquista dos homens com o código civil nas mãos" dizia, jocoso. Molinuevo destaca, da parte de Ortega, "uma série de opiniões machistas que felizmente não chegaram a ser publicadas".[74] E, para concluir o artigo que não foi

---
72 *Id., Ibid.*
73 ORTEGA, S. (Org.). *José Ortega y Gasset: Cartas de un Joven Español*. Madri: El Arquero, 1991, p. 186.
74 MOLINUEVO, J. L. *Para Leer a Ortega*. Madri: Alianza, 2002, p. 33.

publicado, mas encontra-se em suas cartas, arremata: "a mulher é o pagamento do homem".[75]

À mãe, que abre um pequeno negócio para ajudar nas finanças familiares, em meio aos conselhos do que ela deve fazer para que o empreendimento dê certo, termina por dizer: "as mulheres não têm ousadia para grandes negócios, porém, são seguras como o diabo naquilo que tentam".[76] Como se percebe, é possível entrever em Ortega uma visão um tanto quanto estereotipada das mulheres. Victoria Ocampo tinha alguma razão.

Muitos dos livros escritos por Ortega nascem de seus artigos preparados para revistas e jornais. Sua filha Soledad relata que, desde o início de sua vida de escritor, Ortega andava com vários recortes quadradinhos de cartolina no bolso, onde anotava suas intuições e dados bibliográficos para não os esquecer. Toda pré-sistematização dos escritos de Ortega vem dessas pequenas fichas, que serviam apenas para o pontapé inicial de seus escritos, pois "o que vinha à luz era o resultado, a elaboração realizada em sua mente de todo esse material, iluminado por suas intuições – sua capacidade intuitivo-intelectual era assombrosa".[77] Porém, sendo difícil perseguir uma organização dos escritos através de pequenas fichas de cartolina "a sistematização bibliográfica ficava

---

75 ORTEGA, S. (Org.). *José Ortega y Gasset: Cartas de un Joven Español*. Madri: El Arquero, 1991, p. 186.
76 *Ibid.*, p. 152.
77 ORTEGA, S. *José Ortega y Gasset: Imágenes de una Vita (1883-1955)*. Madri: Font Diestre, 1983, p. 38.

eliminada".[78] No que leva a sua filha a afirmar: "por isso seu gênero literário – e de toda essa geração europeia – foi o ensaio".[79]

A responsável por preservar, organizar e sistematizar toda a obra do filósofo madrilenho, sobretudo depois de sua morte, é sua filha Soledad Ortega, que se lança à tarefa ainda bastante jovem, sendo muito elogiada pelos resultados. Vez ou outra se desanimava em tentar organizar as centenas de anotações do pai, visto que eram simplesmente não sistematizáveis: "de pronto abandonei a empreitada, pois era a pura verdade que, enquanto ele escrevia, se movia naquele maremoto com um instinto especial".[80] E, quando reclamava ao pai de sua falta de ordem, esse lhe dizia: "é que você tem a ordem geométrica e eu tenho a ordem vital".[81]

Da dita sistematização, Soledad tenta depreender o estilo do pai, a gênese de sua escrita e de suas intuições. Mas, de novo, encontra dificuldades: "porque aqueles milhares de notas curiosamente resistiam à classificação? Sociologia? Filosofia? Crítica literária? Psicologia? Teoria da arte? Eram tudo isso... e não eram".[82] Portanto, dessa maneira, toda obra de Ortega veio ao mundo, e mesmo em meio a aparente não sistematização, revelava sobretudo a engenhosidade do autor:

---

78 *Ibid.*, p. 38.
79 *Id., Ibid.*
80 *Id., Ibid.*
81 *Id., Ibid.*
82 *Id., Ibid.*

"quando começava a escrever, afastava as notas da mesa e escrevia sem levantar a caneta, páginas inteiras, quase sem uma correção. As notas tinham apenas servido para construir em sua cabeça o que, uma vez elaborado, fluía sem necessidade de esforço aparente".[83]

Em 1928, Ortega retorna à Argentina e ali passa o verão e o outono. À essa época, o filósofo espanhol não goza mais de unanimidade por causa das críticas que fez ao "ser argentino", e encontra muitas reações contrárias, mas, ainda assim, é sucesso de público e de crítica.[84] Em 18 de julho de 1936, a Espanha é atingida por uma dramática guerra civil. A família Ortega, que sempre esteve envolvida nas lutas políticas, muda-se para a casa de Juan Spottorno, pai de Rosa, em busca de segurança. Porém, mesmo lá, corriam certo perigo e era necessário outro lugar. E aparece: "Alberto Giménez nos aconselha que nos alojemos na Residência dos Estudantes da via Pinar, onde ainda estão os alunos estrangeiros dos cursos de verão e parece um lugar mais protegido para evitar riscos previsíveis nas situações limites como a que vivíamos. E lá fomos nós".[85]

Naquele momento, as ruas de Madri e a rotina dos madrilenhos foram tomadas por vários grupos de milícia, perseguições e assassinatos. Soledad testemunhou toda movimentação: "o governo da

---
83 *Id., Ibid.*
84 *Ibid.*, p. 45.
85 *Ibid.*, p. 47.

República se esforça em lutar contra o caos sangrento de um estado de emergência deste calibre, com sua sequela de revolução social – classe contra classe – e de vinganças pessoais".[86]

A situação torna-se ainda mais tensa quando Ortega, de cama, febril e com início de uma septicemia causada por vesícula mal tratada, recebe a "visita" de um grupo de milicianos armados que queriam a sua assinatura em um manifesto de apoio ao setor republicano do embate. Ortega se recusa a assinar. Soledad conta: "me disse que não assina, ainda que o matem, porque contém afirmações que estão em clara contradição com aquilo que pensa sobre as coisas e a postura que, em consequência, tomou tempos atrás ao retirar-se da política".[87] A tensão sobe e quem salva a situação são dois escritores, Menéndez Pidal e Marañon, uma geração mais jovens que Ortega. Eles sugerem a escrita de um novo manifesto, não redigido pela milícia, mas por eles, e mais alinhado ao espírito e às ideias de Ortega, que, então, seria assinado pelos três. O grupo de milicianos aceita e Soledad conta, aliviada: "meu pai não traiu sua íntima consciência afirmando sua adesão aos princípios dessa República que tanto contribuiu a estabelecer na Espanha".[88] Como a situação se agravava ainda mais, era preciso fugir, exilar-se, o que acontece na noite de 31 de agosto. Com o apoio

---

86 *Id., Ibid.*
87 *Ibid.*, p. 48.
88 *Id., Ibid.*

da embaixada francesa, toda família embarca rumo à Marselha. Ortega não volta a fixar residência na Espanha, retornando ao seu país natal apenas para visitas esporádicas ou para resolver negócios pessoais.

No exílio, em outubro de 1938, a enfermidade de Ortega se agrava, "as febres são altíssimas e a septicemia ameaça levar a situação a um desenlace fatal".[89] Os amigos e a esposa o internam em uma clínica, mas o médico se nega a operá-lo, devido ao seu estado gravíssimo. Marañon, amigo de Ortega, pressiona o médico dizendo: "pode operá-lo. O senhor não sabe o que é um celtibero".[90] A cirurgia tem pleno êxito e Ortega se livra daquele mal que tanto o incomodava e que quase leva a sua vida. Em 1939, ano do fim da Guerra Civil Espanhola e começo da Segunda Guerra Mundial, a família Ortega se muda provisoriamente para Buenos Aires. Como de costume, Ortega reúne grande número de pessoas nas conferências que organiza. No entanto, ele não se sente bem acolhido pelos argentinos, justo no momento em que mais precisava, pois pensava mesmo em se estabelecer em Buenos Aires e deixar para trás a situação caótica da Espanha: "as atividades, algumas de tipo editorial, que Ortega quis empreender não encontram eco".[91]

Cansado e abatido, Ortega retorna à Europa, e tenta fixar residência em Lisboa. Em terras lusitanas, finalmente encontra um pouco de paz. Assim,

---
89 *Ibid.*, p. 53.
90 *Id., Ibid.*
91 *Id., Ibid.*

pode retomar sua produção literária e passa a trabalhar com prazer, inclusive fazendo novas amizades. No dia 04 de maio de 1945, Ortega faz sua reinserção na cena pública espanhola depois dos anos de exílio, com uma conferência cujo tema é *A ideia do Teatro*. Em 1948, juntamente com seu discípulo Julian Marías, funda o *Instituto de Humanidades*. Nesses últimos anos, Ortega continua sendo muito rigoroso no que tange às suas aparições públicas, justamente para que o seu nome e a sua atuação não venham a ser politicamente manipulados pelo regime de turno.

Os últimos anos de Ortega refletem a realização de toda a sua vida: é quando colhe os frutos de toda uma existência dedicada à reflexão filosófica. O pensador recebe vários convites da Europa e dos Estados Unidos para várias conferências. Vai a Aspen, Hamburgo, Berlim, Munique, Veneza e é investido com o título de *Doctor Honoris Causa* na Universidade de Glasgow, Inglaterra. Em Darmstadt, pronuncia uma conferência tendo como ouvinte Martin Heidegger.

No dia 18 de outubro de 1955, um funeral parou Madri. Eram as exéquias daquele considerado o precursor de um jeito novo de pensar o homem, a Espanha e a Europa: José Ortega y Gasset. Tenaz defensor do laicismo, fez os filhos prometerem que vetariam qualquer serviço religioso naquele último momento. No entanto, a Universidade Católica marcou para dois dias depois uma missa pública em homenagem a Ortega y Gasset, o que foi prontamente recusado pelos filhos, que mandaram uma carta ao Ministro da Educação, falando do último desejo do pai: "que nosso pai colocou em toda sua vida o mais pulcro cuidado, dentro do máximo respeito, de que todos seus atos mostrassem sua vontade de viver acatolicamente, é coisa que não nos cabe a menor dúvida".[92] No velório de Ortega estavam seus amigos mais próximos e discípulos. Fizeram uma última tertúlia ao redor do amigo morto, ele que nessas reuniões era sempre o protagonista. Eram textos do próprio Ortega nos quais a morte era argumento principal: "cumpriu assim o desejo que ele manifestou tantas vezes: dar os últimos passos pela vida em uma tertúlia".[93]

★★★

Em uma das cartas que envia à sua namorada e futura esposa, Ortega busca retratar o que espera da vida. Afirma que faria o possível para conseguir uma cátedra de latim, a que fosse melhor remunerada. Para fazer mais rapidamente um "pé de meia", também publicaria livros e escreveria artigos para periódicos. Assim, ele e Rosa poderiam viajar à vontade: "viveremos um ano na Itália, outro na Grécia sob o céu limpo e entre os velhos mármores brancos onde floresceu a forma mais perfeita desta estranha coisa que se chama homem".[94] Pelo que veremos, esse

---
92 *Ibid.*, p. 59.
93 *Id., Ibid.*
94 ORTEGA, S. (Org.). *José Ortega y Gasset: Cartas de un Joven Español*. Madri: El Arquero, 1991, p. 386.

sonho do jovem Ortega jamais se concretiza pois as circunstâncias o levam para outros lugares...

1. Ortega e a Espanha do seu tempo

Desde o primeiro momento em que se decide pelas ciências filosóficas até o seu último suspiro, em 1955, Ortega mantém a Espanha em seu horizonte reflexivo, tentando diagnosticar os seus males e propor-lhes soluções. Um deles é a crescente massificação da sociedade, que impede a ação de uma minoria qualificada e melhor preparada. Para tanto, se servirá do rigor filosófico que a duras penas assimilou na Alemanha, pois a "Espanha carece de ciência, método, rigor e disciplina intelectual".[95] Ele tenta, sobretudo, pensar a Espanha "desde os conceitos de incorporação, desintegração, *invertebração* e *vertebração*, particularismo, compartimentos estancos, ação direta e indireta, ser e dever ser, massa, exemplaridade, aristocratismo, etc".[96] Existe um pessimismo, um enfado por parte de Ortega, ao se referir à Espanha, especialmente nos primeiros anos de sua formação filosófica. Ele a vê como uma nação morta, oca e carcomida. Esta velha Espanha "se apoderou dos órgãos públicos e de tudo aquilo que é oficial".[97] Ao

---
95 MARTÍN, F. J. "La Difícil Conquista de la Modernidad (a Propósito de 'España Invertebrada')". *Archipiélago. Cuadernos de Crítica de la Cultura*, 58: 89, nov. 2003 (Barcelona).
96 *Ibid.*, p. 90.
97 ORTEGA Y GASSET, J. *Obras Completas*, t. 7, p. 391.

seu ver, duas Espanhas estão em uma luta incessante, a Espanha oficial "cadavérica e purulenta" e a Espanha vital "nova, afanosa, aspirante".[98]

Por inúmeras vezes, o filósofo compara as sociedades alemã e espanhola, e vê a primeira como referência cultural e a última quase como um caso perdido. Por isso, ele elege a Alemanha como fonte inspiradora para a Espanha encontrar sua verdadeira e autêntica vocação: "a alma alemã encerra hoje em si a mais elevada interpretação do humano, quer dizer, da cultura europeia, cuja clássica aparição se deu em Atenas (...)".[99] Colocando a Alemanha como exemplo diz ser possível reencontrar o verdadeiro espírito espanhol: "eu ambiciono, eu não me contento com menos que uma cultura espanhola, que um espírito espanhol".[100] Este é o caminho que encontra para vertebrar uma cultura espanhola, que, de resto, trata em uma de suas mais célebres obras, *Espanha Invertebrada*: "essa foi a tarefa que Ortega propunha como digna de sua geração".[101] Para o pensador, a missão de reerguer a Espanha e fazer dela uma grande nação toca a todos os espanhóis, que devem juntar forças e lutar por um projeto comum. O êxito da nação está na reunião de "indivíduos e grupos que contam uns com outros".[102] Ortega se refere àquela

---
98 *Id., Ibid.*
99 *Id. Obras Completas*, t. 1, p. 501.
100 *Id., Ibid.*
101 CACHO VIU, V. *Repensar el Noventa y Ocho*. Madri: Biblioteca Nueva, 1997, p. 126.
102 ORTEGA Y GASSET, J. *Obras Completas*, t. 3, p. 79.

sinergia vista em tempos de guerra em que "cada cidadão parece quebrar o recinto hermético de suas preocupações exclusivas, e direciona sua sensibilidade para o todo social".[103] Na ausência deste compromisso a sociedade mostra-se sem rumo, deixando claro "a inexistência de uma articulação hegemônica capaz de reformular um projeto de totalização nacional".[104]

Para o bem da nação espanhola era preciso aproveitar o que cada espanhol podia oferecer, pois "a vida de cada indivíduo é em certa maneira multiplicada pela de todos os demais; nenhuma energia se desperdiça; todo esforço repercute em amplas ondas de transmissão psicológica, e deste modo é aproveitado e se acumula".[105] A salvação da Espanha passa por essa nova atitude, pois "somente uma nação com esta elasticidade poderá em seu dia e em sua hora ser carregada prontamente da eletricidade histórica que proporciona os grandes triunfos e assegura as decisivas e salvadoras reações".[106] Ao apontar a direção do caminho que os espanhóis devem tomar para construir uma Espanha forte, Ortega denuncia a causa que levou a Espanha à paralisia: o *particularismo*. É um fenômeno que acomete classes da sociedade e "produz a ilusão intelectual de crer que as demais classes não existem como plenas realidades

---
103 *Ibid.*, p. 73.
104 MOREIRAS, A. "España Invertebrada y la Multitud Bene Ordinata". Archipiélago. *Cuadernos de Crítica de la Cultura*, 58: 100, nov. 2003.
105 ORTEGA Y GASSET, J. *Obras Completas*, t. 3, p. 73.
106 *Id., Ibid.*

sociais ou, quando menos, que não merecem existir. É aquele estado de espírito em que cremos não ter por que contar com os demais".[107]

O particularismo torna-se, assim, inimigo de um projeto hegemônico, pois cada espanhol se vê como um átomo isolado, o que dificulta qualquer consenso ou negociação: "hoje é a Espanha, bem mais que uma nação, uma série de compartimentos isolados".[108] Para Ortega, isso é bastante grave e é uma das causas pelas quais a Espanha não consegue se lançar a um projeto comum, em que "não é necessário nem importante que as partes de um todo social coincidam com seus desejos e suas ideias; o necessário e importante é que conheça cada uma, e em certo modo viva, os das outras".[109] Deve-se substituir o projeto particular, rejeitando assim o particularismo, por um projeto em que todos se sintam responsáveis por ele, pois "a invertebração imemorial do povo espanhol é a consequência insólita de uma falta anárquica de um contrato social".[110] O particularismo fez da Espanha uma sociedade rígida e imobilizada, em que "ideias, emoções, valores criados dentro de um núcleo profissional ou de uma classe, não transcendem às restantes".[111] Irmã gêmea do particularismo é a ação direta, que, segundo Ortega, tornou-se "a única forma de atividade pública

---

107 *Ibid.*, p. 79.
108 *Ibid.*, p. 74.
109 *Id., Ibid.*
110 MOREIRAS, A. "España Invertebrada y la Multitud Bene Ordinata". *Archipiélago. Cuadernos de Crítica de la Cultura*, 58: 101, nov. 2003.
111 ORTEGA Y GASSET, J. *Obras Completas*, t. 3, p. 75.

que no presente, por debaixo de palavras convencionais, satisfaz a cada classe", pois significa "a imposição imediata de sua vontade".[112]

Na visão de Ortega, a solução para o fenômeno do particularismo e do seu derivado, a ação direta, que atacam a Espanha é o que ele chama de *ação legal*, que nada mais é que um esforço a ser feito para conquistar a adesão de outros a um projeto, e assim torná-lo um projeto comum, pois o desafio é formar uma vontade geral em torno dele.[113] Agindo dessa forma o projeto se legitima, já que "passa pelas demais vontades integrantes da nação e delas recebe a consagração da legalidade".[114]

A classe política espanhola não colabora para que o país encontre o seu rumo e não é capaz de construir um projeto comum para a nação. Assim, os políticos gozam de pouca credibilidade frente à população, o que leva o pensador a afirmar que "todas as classes espanholas ostentam sua repugnância aos políticos".[115] Eles frustram o engenho espanhol e a energia de toda nação: "nossa aristocracia, nossa Universidade, nossa indústria, nosso exército, nossa engenharia, são grêmios maravilhosamente bem dotados que encontram sempre anuladas suas virtudes e talentos pela intervenção fatal dos políticos".[116] Os políticos são os primeiros a incorrer no particularismo e implementar a

---

112 *Ibid.*, p. 80.
113 *Ibid.*, p. 79.
114 *Id., Ibid.*
115 *Ibid.*, p. 80.
116 *Ibid.*, p. 74.

ação direta: "os políticos são os únicos espanhóis que não cumprem com seu dever nem gozam das qualidades para seu serviço imprescindível".[117]

A análise de Ortega não é apenas estrutural e nem só política; ele busca traçar algumas linhas do jeito de ser do povo espanhol. Um povo que se ilude pensando estar vencendo, mas que na verdade acumula derrotas: "nos falta a cordial efusão do combatente e nos sobra a arisca soberba do triunfante. Não queremos lutar; queremos simplesmente vencer. Como isto não é possível, preferimos viver de ilusões".[118]

Na obra *Espanha Invertebrada*, Ortega antecipa alguns conceitos que aprofundará depois em sua célebre obra, *A Rebelião das Massas*, tais como *massas* e *minoria diretora*: "as minorias são indivíduos ou grupos de indivíduos especialmente qualificados. A massa é o conjunto de pessoas não especialmente qualificadas".[119] Uma relação adequada entre esses dois fenômenos sociais, uma ação recíproca entre elas "é o fato básico de toda sociedade, o agente de sua evolução para o bem ou para o mal".[120]

Para Ortega, é natural que a nação seja guiada por indivíduos melhor preparados, e que são poucos. É natural porque "em toda agrupação humana se produz espontaneamente uma articulação de seus membros segundo a diferente densidade vital que

---

117 *Ibid.*, p. 80.
118 *Ibid.*, p. 84.
119 Id. *Obras Completas*, t. 4, p. 145.
120 *Ibid.*, p. 103.

possuem".[121] Uma sociedade torna-se invertebrada quando "a massa se nega a ser massa, isto é, a seguir a minoria diretora".[122] O problema da Espanha parte daqui: o afã das massas em dominar recusando-se a serem guiadas. Com o protagonismo das massas, "a nação se desfaz, a sociedade se desmembra, e sobrevém o caos social, a invertebração histórica".[123] A Espanha vive sobre o negativo império das multidões e tem a tarefa de contê-las preservando o espaço das minorias qualificadas, pois a multidão "é pura perversão ou enfermidade congênita de um corpo social jamais saudável".[124] Nesse sentido, a multidão, ao invés de congregar, dispersa, tornando-se inimiga de um projeto comum. E é contra ela que se deve lutar, a fim de "formular a possibilidade de uma nova articulação hegemônica".[125]

Ortega percebe ser inócuo e até mesmo perigoso tentar qualificar a massa quando esta toma consciência de seu poder: "quanto mais se deseja doutriná-la, mais hermeticamente seus ouvidos se fecham e com maior violência pisoteiam os predicadores. Para resolver é preciso que sofra em sua própria carne as consequências de seu desvio moral. Assim tem acontecido sempre".[126] Elas deveriam reconhecer-se necessitadas da minoria diretora: "a missão das massas

---

121 Id. Obras Completas, t. 3, p. 93.
122 Id., Ibid.
123 Id., Ibid.
124 MOREIRAS, A. "España Invertebrada y la Multitud Bene Ordinata". Archipiélago. Cuadernos de Crítica de la Cultura, 58: 101, nov. 2003.
125 Id., Ibid.
126 ORTEGA Y GASSET, J. Obras Completas, t. 3, p. 97.

não é outra que seguir os melhores, em vez de pretender suplantá-los. E isto em toda ordem e porção da vida".[127] A massa quase nada sabe, mas pensa que sabe tudo; e, quando encontra alguém que sabe mais, olha com enfado: "a suspeita de que alguém pretende entender de algo um pouco mais que ela, a põe fora de si".[128] Uma das causas da ojeriza da massa pela minoria mais preparada advém do fato de o povo espanhol, segundo Ortega, ser majoritariamente agrícola. Ortega utiliza o termo *ruralismo* para designar as sociedades que carecem de minorias excelentes, e não poupa a Espanha: "quando se atravessa os Pirineus e se ingressa na Espanha, se tem sempre a impressão de que se chega a um povo de roceiros. A figura, o gesto, o repertório de ideias e sentimentos, as virtudes e os vícios são tipicamente rurais".[129]

O azar da Espanha foi o de não ter produzido homens melhores em quantidade maior e que pudessem assim contrabalançar o poder das massas. Como isso não aconteceu, a cada geração o homem espanhol tornou-se "cada dia mais tosco, menos alerta, dono de menores energias e entusiasmos até chegar a uma pavorosa desvitalização".[130] Assim, Ortega pode afirmar: "a rebelião sentimental das massas, o ódio aos melhores, a escassez destes é a raiz verdadeira do grande fracasso hispânico".[131] Por outro lado, assim

---

127 *Ibid.*, p. 126.
128 *Ibid.*, p. 96.
129 *Ibid.*, p. 123.
130 *Ibid.*, p. 125.
131 *Id., Ibid.*

como as massas, também a burguesia espanhola faz parte do problema e não da solução, pois não se abre àqueles que realmente podem alçar o nível espanhol com o seu intelecto e a sua moral. A alma da nação perde assim todo o seu repertório espiritual, se estreita, se rebaixa. Não restam dúvidas de que a reflexão de Ortega aponta como única solução a obrigação da Espanha de trilhar o caminho da modernidade: "deficiente e tortuoso, tardio, porém nosso ao fim".[132] No cerne da reflexão de Ortega, encontra-se a convicção de que, na medida em que a massa se recusa a ser guiada pela minoria que representa os melhores, está fadada a ruir. É preciso valorizar a "individualidade seleta e exemplar". A degeneração social estará às portas se o "vulgo se julga apto para prescindir de guias e reger-se por si mesmo suas ideias, sua política, sua moral e seus gostos".[133]

A concepção de massas de Ortega sofre críticas, como era de se esperar. A começar pelo fato dele não propor "o reordenamento das forças da nação em uma direção afirmativa, criadora e ascendente",[134] mas, pelo contrário, submeter as massas ao arbítrio das minorias egrégias. Ortega corre o risco de sua abordagem ser considerada superficial e reacionária, não dando espaço para uma análise filosófica rigorosa, com um "tom arrogante de quem administrava

---
132 MARTÍN, F. J. "La Difícil Conquista de la Modernidad (a Propósito de 'España Invertebrada')". *Archipiélago. Cuadernos de Crítica de la Cultura*, 58: 91, nov. 2003 (Barcelona).
133 ORTEGA Y GASSET, J. *Obras Completas*, t. 3, p. 125.
134 MOREIRAS, A. "España Invertebrada y la Multitud Bene Ordinata". *Archipiélago. Cuadernos de Crítica de la Cultura*, 58: 102, nov. 2003.

a verdade intelectual e que conduziu a uma nova forma de pensamento reacionário".[135] Muitos sentiram-se insultados com o diagnóstico traçado por Ortega. Afirmar que a "Espanha não teve uma verdadeira construção nacional porque não teve suficiente massa crítica dos melhores e dos senhores"[136] realmente não é muito fácil de se aceitar.

2. Ortega e a geração de 98

A célebre "geração de 1898" consistiu em um grupo de espanhóis composto de literatos, ensaístas, pensadores e poetas, que não se conformaram com o chamado *Desastre*, ou seja, a perda por parte da Espanha do que restou do seu império colonial para os Estados Unidos, o que resultou em "uma imensa catástrofe coletiva na vida nacional".[137] Em síntese, o grupo é uma geração de espanhóis "mais ou menos coetâneos e mais ou menos intelectuais e literatos".[138] Mesmo o jovem Ortega, à época com 15 anos de idade, sentiu pessoalmente o drama nacional, pois "a perda das possessões de Ultramar repercute economicamente em sua família".[139] Mas essa geração não se forma e passa a atuar somente por causa da derrota na

---
135 LEYTE, A. "España Invertebrada, ¿un Problema Filosófico?". *Archipiélago. Cuadernos de Crítica de la Cultura*, 58: 106, nov. 2003.
136 BERLANGA, J. L. V. "Otros Principios". *Archipiélago. Cuadernos de Crítica de la Cultura*, 58: 93, nov. 2003.
137 PARENTE, L. "Panorama de la Filosofía Española del Novecientos". *Revista de Estudios Orteguianos*, 18: 197, 2009.
138 Cf. *Ibid.*, p. 199.
139 MOLINUEVO, J. L. *Para Leer a Ortega*. Madri: Alianza, 2002, p. 18.

guerra hispano-estadunidense. Existem graves tensões domésticas que os espanhóis devem afrontar: "com a geração de 98 afloram as tensões entre cidade e campo, capital e províncias, como modos de vida e sinais de identidade".[140]

A expressão "geração de 98" indicava uma minoria privilegiada, parte dela estudando em outros países europeus, que podia deveria dar, por sua superior capacidade profissional e intelectual, um norte ao país, vitimado por uma crise política e moral e com o desafio de implementar a modernização espanhola. Para esse grupo a Europa representa "a modernidade, o modelo a seguir para sair do atraso cultural, da insegurança, da sensação de decadência em que se encontra a Espanha toda".[141] Porém, não será tarefa fácil para os integrantes da geração de 98 apontar uma direção depois da *débâcle* espanhola, a começar pelo próprio grupo, que não sabia bem o que fazer: "são muitas as incógnitas em torno dos primeiros passos dessa denominação geracional".[142] Mas, enfim, algo precisava ser feito e "os escritores do noventa olham para o povo espanhol afim de encontrar e decifrar a psicologia do mesmo, para recolher o caráter, o gênio, a alma da nação".[143]

---
140 *Ibid.*, p. 22.
141 PARENTE, L. "Panorama de la Filosofía Española del Novecientos". *Revista de Estudios Orteguianos*, 18: 194, 2009.
142 CACHO VIU, V. *Repensar el Noventa y Ocho*. Madri: Biblioteca Nueva, 1997, p. 118.
143 PARENTE, L. "Panorama de la Filosofía Española del Novecientos". *Revista de Estudios Orteguianos*, 18: 196, 2009.

Não está bem certo se Ortega pode ser considerado integrante da geração de 98. Cronologicamente falando, é certo que não, pelo simples fato de os integrantes da referida geração terem nascido entre 1864 e 1876 e Ortega ter nascido em 1883, ou seja, os integrantes da geração eram já adultos enquanto Ortega era ainda adolescente – porém, um adolescente que cresceu em um ambiente em que se discutia muito as teses defendidas pela geração de 98, tanto na escola quanto em casa. Havia uma profunda preocupação com o rumo que a situação com as colônias espanholas estava tomando. Sendo seu pai um periodista, tudo isto repercutia em casa, à mesa do jantar. Esse clima se respirava também nos centros de ensinamento dos Jesuítas, onde Ortega estudava, juntamente com seus irmãos.

A rigor, Ortega é da geração de 1914. A mesma geração de "Wittgenstein, Heidegger, Hartmann, Benjamin, Adorno, Mannhein, entre os europeus, e Perez de Ayala e Azaña entre os espanhóis".[144] Deve-se notar que os temas próprios desta geração, tais como o niilismo, o nada, a angústia, a náusea, estão ausentes da obra de Ortega; a ele, interessa mais os temas relacionados com a Espanha, que eram os mesmos da geração de 98. O próprio Ortega se coloca como um integrante da referida geração, como quando diz ao pai: "uma nova casta de homens, poucos ainda, vai nascendo na Espanha e eu sou o último desta casta, porém, sou dela".[145]

---
144 MOLINUEVO, J. L. *Para Leer a Ortega*. Madri: Alianza, 2002, p. 24.
145 ORTEGA, S. (Org.). *José Ortega y Gasset: Cartas de un Joven Español*. Madri: El Arquero, 1991, p. 262.

Os integrantes da referida geração olhavam com interesse a atuação de Ortega, como Antonio Machado, por exemplo, que em 1907, fez uma dedicatória especial a ele em seu livro *Soledades. Galerías. Otros Poemas*: "ao culto e inteligente escritor Dom Ortega y Gasset".[146] E não é para menos pois, Ortega, ainda muito jovem, com a repercussão de seus escritos e sua presença na elite intelectual madrilenha, se enfileira à fina "*intelligensia* espanhola".[147] Esta *intelligensia* se compõe de Azorin, Baroja, Maeztu, Unamuno, entre outros, todos eles considerados da geração de 98.

O intuito do grupo poderia ser descrito como a reforma da Espanha e seu direcionamento a um novo caminho, e, neste sentido, Ortega se inclui tanto no grupo quanto nos seus ideais. Ainda que seu caminho seja o de tentar europeizar a Espanha, contrariamente ao de Unamuno, que proporá como caminho valorizar a Espanha, não a partir da Europa, mas a partir de si própria: "ao europeu moderno, Unamuno contrapõe os mais de sete séculos do enriquecimento árabe da ciência e da arte espanholas. O europeísmo de Ortega o incomoda".[148]

Mas Ortega não estava sozinho na crítica à Espanha e tinha o apoio de alguns integrantes da própria geração de 98, como Ramiro de Maeztu,

---

146 MEDIN, T. *Entre la Veneración y el Olvido. La Recepción de Ortega y Gasset en España*. Madri: Biblioteca Nueva, 2014, p. 57.
147 ALFONSO, I. B. *El Periodismo de Ortega y Gasset*. Madri: Biblioteca Nueva, 2005, p. 34.
148 PARENTE, L. "Panorama de la Filosofía Española del Novecientos". *Revista de Estudios Orteguianos*, 18: 201, 2009.

que considerava Ortega o grande líder intelectual naquele momento e "secundava suas posturas europeístas em sua confrontação com Unamuno".[149] É de Maeztu um livro que Ortega apreciava muito, intitulado *Até Outra Espanha*, em que convidava os espanhóis a olharem para a Inglaterra como inspiração, depois do *Desastre*.

Mas, se por um lado, Ortega faz duras críticas a alguns integrantes da geração de 98, por exemplo, classificando Unamuno como energúmeno e ironizando o escritor José Martínez Ruiz, mais conhecido como Azorín, considerando-o grande literato, mas, pequeno pensador; de outro, Ortega reconhece o valor destes mesmos escritores, "se enriquecerá com eles e intentará superá-los".[150] Neste sentido, faz altos elogios ao livro de Azorín,[151] *Leituras Espanholas*, mostrando que as divergências situam-se somente no campo das ideias. Azorín dedica seu livro, *Os Valores Literários*, ao "querido Ortega y Gasset" e o reconhecerá como o "inspirador de um grupo de gente jovem que se molda na crítica dos valores tradicionais",[152] valores que trazem consigo "todo o velho, todo o carcomido, toda a podridão, na arte, na

---

149 MEDIN, T. *Entre la Veneración y el Olvido. La Recepción de Ortega y Gasset en España*. Madri: Biblioteca Nueva, 2014, p. 46.
150 *Ibid.*, p. 53.
151 "A denominação de 'Azorín' o autor tirou de sua própria novela autobiográfica 'Antonio Azorín', e não tem dúvidas que é uma palavra eufonicamente preciosa e elegante". *In*: ORTEGA SPOTTORNO, J. *Los Ortega*. Madri: Taurus, 2002, p. 208.
152 MEDIN, T. *Entre la Veneración y el Olvido. La Recepción de Ortega y Gasset en España*. Madri: Biblioteca Nueva, 2014, p. 54.

política, na moral".¹⁵³ Ortega reconhecerá também o valor de Pio Baroja, outro importante integrante da geração de 98, dizendo: "é Baroja um fenômeno exemplar da alma espanhola contemporânea".¹⁵⁴

Em outras falas ainda, é possível concluir que Ortega se reconhece como membro da geração de 98. Tanto que, em discurso no Parlamento do Chile, em 1928, declara: "há vinte anos, um grupo de rapazes resolveu trabalhar na transformação radical de nossa velha nação, e sem apoio oficial, com nossas próprias mãos, demos novas formas à matéria atrofiada da nossa antiga existência espiritual".¹⁵⁵ O *muchacho* se fez *hombre* e agora se coloca como uma das principais lideranças na cena política e cultural do seu país. Animado pelos seus estudos na Alemanha e convicto de que na Espanha daquele momento será difícil encontrar alguém que o supere no conhecimento filosófico, e mais ainda, graças aos seus artigos no periódico *El Imparcial* e na fundação de alguns outros periódicos, mergulha fundo no debate público espanhol, assumindo um inequívoco protagonismo: "Ortega, em seus 26 anos já apontava alto, forte e com destreza e autoridade, por momentos agressivamente, perfilando-se, paulatina e conscientemente, como líder ideológico e intelectual de sua geração".¹⁵⁶ Era necessário, naquele momento histórico, fazer um chamamento

---

153 Cf. *Id., Ibid.*
154 ORTEGA Y GASSET, J. *Obras Completas*, t. 1, p. 541.
155 *Id. Obras Completas*, t. 4, p. 228.
156 MEDIN, T. *Entre la Veneración y el Olvido. La Recepción de Ortega y Gasset en España*. Madri: Biblioteca Nueva, 2014, p. 51.

enérgico ao povo espanhol, às novas gerações, e Ortega dizia sem pejo: "e se não a chama quem tenha positivos títulos para chamá-la, é forçoso que qualquer um a chame, por exemplo, eu".[157] Eis aí Ortega, tentando ser o protagonista do seu tempo.

Há ainda quem chegue a creditar a Ortega a invenção do termo *geração de 98* e vincular a ele um programa de convocação de todos os espanhóis, da juventude à idade madura, com o propósito de endireitar os equivocados destinos do país: "o termo *geração de 1898* foi cunhado em fevereiro de 1913 por José Ortega y Gasset, para ele mesmo e para seus coetâneos, com uma clara intencionalidade pública de futuro".[158] Com efeito, o significado de geração era caro para Ortega, que trata dele em muitas de suas obras. Ele define geração como "uma certa altitude vital, desde a qual se sente a existência de uma maneira determinada".[159] As gerações representam o momento da pulsação histórica de um povo, assim como a batida de um coração.

Mas, por que para alguns, a expressão "geração de 98" se referia somente a Pio Baroja, Azorín e Maeztu? Se dirá que Azorín, muito espertamente "se apoderou do termo para convertê-lo, retrospectivamente, em data epônima de um grupo literário que se tinha dado a conhecer uns quinze anos atrás".[160]

---
157 ORTEGA Y GASSET, J. *Obras Completas*, t. 1, p. 712.
158 CACHO VIU, V. *Repensar el Noventa y Ocho*. Madri: Biblioteca Nueva, 1997, p. 117.
159 ORTEGA Y GASSET, J. *Obras Completas*, t. 3, 148.
160 *Id., Ibid*.

A bem da verdade, o termo casava-se muito bem com a geração de Ortega e "os intelectuais de sua idade agrupados ao seu entorno", pois o termo indicava uma prospectiva e uma chamada para o futuro. Afirmar que Ortega não fazia parte da famosa geração de 98, era "grave distorção intencional".[161]

Além do mais, o fato de Ortega e outros jovens da mesma geração terem sido beneficiários de bolsas de estudos visando uma formação acadêmica estrangeira fazia com que eles assumissem como missão a superação da Espanha do *Desastre*: "a derrota do 98 conferiam a eles uma especial responsabilidade, como tal geração, a respeito dos destinos do país e de sua incorporação às tarefas científicas de excelência".[162]

Antes da geração de 98, bem que a Espanha tentou romper o casulo e se abrir para a Europa, o que significava aderir ao positivismo científico de inspiração germânica, o krausismo, a exemplo da França e da Itália, que iniciaram, naquela época, um processo de germanização visando uma incorporação dos modernos métodos científico-tecnológicos: "com efeito, na Espanha, entre os séculos XIX e XX, o krausismo adquire um significado filosófico, político e cultural muito relevante, porque representa uma tentativa de renovação liberal que aspira colocar a Península Ibérica no álveo da cultura europeia".[163]

---
161 CACHO VIU, V. *Repensar el Noventa y Ocho*. Madri: Biblioteca Nueva, 1997, p. 119.
162 *Ibid.*, p. 128.
163 PARENTE, L. "Panorama de la Filosofía Española del Novecientos". *Revista de Estudios Orteguianos*, 18: 194, 2009.

O krausismo ofereceu uma possibilidade de reação, tentando "submeter o intelecto e o coração de seus compatriotas à disciplina germânica",[164] mas que não foi aproveitada: "ao não ter desenvolvido um verdadeiro positivismo, na acepção crítica do termo, a Espanha seguia sendo um país descerebrado por seu persistente desvio da ciência moderna".[165] E Ortega não demora em apontar culpados para a derrocada do krausismo: a resistência castiça à modernização e o catolicismo, que viam nele "a declaração do fracasso da cultura hispânica e, portanto, do catolicismo como poder construtor de povos".[166]

Para Ortega, naquele quarto de século em que o positivismo teve plena vigência na Espanha, bem que o krausismo poderia ter representado uma possibilidade de progresso, pois, segundo os princípios de Krause, "a humanidade não tem que ser vista em declive, senão como uma humanidade que começa a tomar consciência de seu fim social e da alta perfeição que a espera".[167] Por conta da profunda inserção do catolicismo na sociedade espanhola, não se fez a lição de casa, e se "desperdiçou a possibilidade de implantar uma moral coletiva de signo racional";[168] agora, ou a Espanha se abre à

---
164 ORTEGA Y GASSET, J. *Obras Completas*, t. 3, p. 212.
165 CACHO VIU, V. *Repensar el Noventa y Ocho*. Madri: Biblioteca Nueva, 1997, p. 121.
166 ORTEGA Y GASSET, J. *Obras Completas*, t. 1, p. 212.
167 PARENTE, L. "Panorama de la Filosofía Española del Novecientos". *Revista de Estudios Orteguianos*, 18: 194, 2009.
168 CACHO VIU, V. *Repensar el Noventa y Ocho*. Madri: Biblioteca Nueva, 1997, p. 123.

modernidade, tendo a Alemanha como inspiração, ou seu destino estará comprometido.

A "geração de 98" se apresenta justamente para sanar esta profunda lacuna e procurará recordar aos espanhóis que a solução para os problemas da Espanha passa pela modernização de sua sociedade. Assim, a "Espanha se converte, conforme ao *noventayochismo* exacerbado de Ortega, em um mito projetado rumo ao futuro, em algo que está para acontecer".[169]

Um dos representantes das antigas gerações, Francisco Giner de los Ríos tinha Ortega em alta conta sobretudo pelo "seu empenho por implantar na Espanha a moral da ciência como fundamento".[170] Giner de los Ríos, com muito gosto, recebia Ortega na *Residencia de Estudiantes*, importante obra que ele fundara e que era assistida pela *Junta para Ampliación de Estudios*, organismo não oficial que assessorava a *Institución Libre de Enseñanza*. Também dali, Ortega exercia sua influência no cenário intelectual espanhol, cultivando a ciência filosófica com a política e mostrando que não era por nada um filósofo de gabinete, muito ao contrário. Giner via em Ortega um continuador de sua obra. Além de Giner, Ortega angariou apoio de outras importantes figuras do cenário intelectual madrilenho: "a totalidade moral dos grandes criadores literários e artísticos

---
169 *Id., Ibid.*
170 *Id. Los Intelectuales y la Política*. Madri: Biblioteca Nueva, 2000, p. 53.

da geração precedente – como Machado, Valle-Inclán ou Zuloaga, para citar somente alguns nomes –, manteve uma comunicação de ideias, aliada, em muitos casos, de amizade pessoal, com aquele jovem e imperativo professor...".[171]

Giner está presente no *Teatro de la Comedia*, de Madri, no dia 23 de março de 1914, quando Ortega ministra sua célebre palestra "Velha e Nova Política" e se coloca como uma liderança iminente em seu país, uma voz que merece ser ouvida. O próprio título da palestra fornece uma ideia do que Ortega quer propor: uma nova política no lugar das velhas práticas que não deram à Espanha um lugar de liderança no próprio cenário espanhol e fora dele.

No início de sua palestra, Ortega coloca o ano de 1898 como a data fatídica do começo do declínio espanhol e a partir daí o grande desânimo que acometeu a Espanha: "desde então a Espanha não presenciou nenhum dia de glória e plenitude, nem sequer uma hora de suficiência".[172] Torna-se urgente prospectar novas práticas, novos ideais, e este é o papel do político: descobrir a "realidade do subsolo que constitui em cada época e em cada instante, a opinião verdadeira e íntima de uma parte da sociedade".[173] Ortega animava a plateia incitando o público a renovar a Espanha valendo-se das "energias mais decididas dos amplos grupos sociais",[174] e,

---
171 *Ibid.*, p. 54.
172 ORTEGA Y GASSET, J. *Obras Completas*, t. 1, p. 710.
173 *Ibid.*, p. 711.
174 *Id., Ibid.*

para isso, é necessário que se "inflamem totalmente o volume dos corações".[175]

Ortega bate firme na clave da renovação detectando uma carência de novas lideranças na própria política: "os partidos foram se anquilosando, petrificando, e, consequentemente, foram perdendo toda intimidade com a nação".[176] O mais grave é que a Espanha se tornou um "imenso esqueleto de um organismo evaporado, desvanecido, que fica em pé apenas pelo equilíbrio material de sua estrutura, como dizem que depois de mortos continuam em pé os elefantes".[177] Existem duas Espanhas, a "oficial que se obstina em prolongar os gestos de uma era fenecida, e outra Espanha aspirante, germinal, uma Espanha vital, talvez não muito forte, porém sincera, honrada, a qual, estorvada pela outra, não acerta se inserir plenamente na história".[178]

Ortega, ainda que ateu, se vale da literatura evangélica para deixar bastante claro aquilo que quer dizer. No evangelho de Mateus, encontramos Jesus dizendo: "não se coloca tampouco vinho novo em odres velhos; do contrário, os odres se rompem, o vinho se derrama e os odres se perdem. Coloca-se, porém, o vinho novo em odres novos, e assim tanto um quanto outro se conservam".[179] As novas gerações – vinho novo, merecem odres novos – uma nova

---
175 Id., Ibid.
176 Ibid., p. 713.
177 Id., Ibid.
178 Ibid., p. 714.
179 Mt 9,17. In: Bíblia de Jerusalém. São Paulo: Paulus, 2002.

Espanha, e não "esses odres tão caducos",[180] que, na metáfora orteguiana, representam a Espanha oficial.

Se um tal imobilismo acomete a Espanha, impedindo o seu desenvolvimento, para Ortega, a causa vem sobretudo de sua elite política, que tomou o Estado em suas mãos, pois, "tem a sua clientela nos altos postos administrativos, governativos, pseudotécnicos, inundando os conselhos de administração de todas as grandes companhias, usufruindo de tudo o que a Espanha tem de instrumento de Estado",[181] e, o pior, tem na imprensa "os mais amplos e mais fieis reprodutores".[182] Tal situação não dá legitimidade a esta velha Espanha de propor qualquer mudança.

Porém, Ortega vê ainda mais longe. O grande problema da Espanha não está somente na elite política; apenas começa nela. Esta estrutura política contamina todas as outras estruturas sociais: "os periódicos, as academias, os Ministérios, as Universidades, etc. Não há nenhum deles hoje na Espanha que seja respeitado e, excetuando o Exército, não há nenhum que seja temido".[183] Ortega busca, então, uma nova orientação política: as forças políticas erraram, mas não são elas a causa última da ruína espanhola, elas "têm governado mal porque a Espanha governada estava tão enferma como elas".[184]

---
180 ORTEGA Y GASSET, J. *Obras Completas*, t. 1, p. 714.
181 *Ibid.*, p. 715.
182 *Ibid.*, p. 715.
183 *Ibid.*, p. 714.
184 *Id., Ibid.*

O problema, portanto, é toda a Espanha, com seus governantes e governados, "é a raça, a substância nacional, de forma que a política não é solução suficiente do problema nacional porque este é um problema histórico (...) *a nova política tem que ser toda uma atitude histórica*".[185]

Urge uma nova sensibilidade, um novo vigor energético por parte dos espanhóis, que venha se contrapor à velha política da Restauração: "eu diria que nossa bandeira teria que ser esta: a morte da Restauração".[186] Ortega se refere ao regime da *Restauración* (1875-1902), uma tentativa empreendida pelo político Antonio Cánovas del Castillo "que, há meses tentava conduzir a operação da restauração alfonsiana com todo cuidado".[187] Essa operação se concretiza da seguinte forma: "Cánovas formaria o *Ministerio-Regencia* em 31 de dezembro, e em 9 de janeiro de 1875 chegaria Dom Alfonso à Barcelona na fragata *Navas de Tolosa,* mandada à Marselha pelo Governo. Até a abertura das novas Cortes constituintes, Cánovas governaria de forma ditatorial".[188] Este período ficou conhecido como a *Restauración borbónica*, por preservar a figura do rei Alfonso XII, ou sistema canovista, de linha antidemocrática, pois rechaçava o sufrágio universal. Ortega é taxativo: "a Restauração, senhores, foi um panorama de fantasmas, e Cánovas o grande

---

185 *Ibid.*, p. 717.
186 *Ibid.*, p. 718.
187 ORTEGA SPOTTORNO, J. *Los Ortega*. Madri: Taurus, 2002, p. 43.
188 *Id., Ibid.*

empresário da fantasmagoria".[189] Para Ortega, a Restauração foi totalmente ineficaz por não conseguir atacar os problemas que afligiam a Espanha, devido à manipulação política empreendida por Cánovas, "um grande corruptor, como diríamos agora, um professor de corrupção".[190] Era preciso superar a Restauração, pois, esta "foi a corrupção organizada, e o turno dos partidos, manivela desse sistema de corrupção".[191]

O chamamento dos homens melhores é apontado por Ortega como a solução, sendo esta também uma linha recorrente de sua filosofia: "vamos impulsionar um imperioso levantamento espiritual dos homens melhores de cada capital".[192] É preciso reagir diante daqueles que mataram a vitalidade nacional. Ortega encerra a palestra dizendo que sua única pretensão é ver a "Espanha vertebrada e de pé".[193] A fala suscitou grande comoção e o solidificou como uma das grandes lideranças de seu tempo.

A palestra fazia parte do programa de atividades da *Liga de Educación Política*, projeto lançado por Ortega[194] que propunha dirigir-se primeiro "às minorias que gozam na atual organização da sociedade o privilégio de ser mais cultas, mais reflexivas, mais responsáveis, e a estas pedem sua colaboração para imediatamente transmitir seu entusiasmo, seus pensamentos, sua solicitude, sua coragem, sobre essas

---

189 ORTEGA Y GASSET, J. *Obras Completas*, t. 1, p. 720.
190 *Ibid.*, p. 721.
191 *Ibid.*, p. 720.
192 *Ibid.*, p. 725.
193 *Ibid.*, p. 737.
194 ORTEGA SPOTTORNO, J. *Los Ortega*. Madri: Taurus, 2002, p. 223.

pobres grandes multidões carentes".[195] Na intuição de Ortega, a Liga seria uma vacina contra a demagogia reinante nas ações políticas espanholas, e "se propõe a mover um pouco de guerra a essas políticas tecidas exclusivamente de alaridos", onde as massas pensam que "somente para elas, com elas e por elas existe toda política".

A *Liga de Educación Política Española* é o intento concreto de Ortega de convocar as *minorias diretoras* para tirar da indolência as massas inertes.[196] Ortega rechaça o epíteto de intelectual ou político de gabinete pois, para ele, é preciso, além do intelecto, a ação individual: "esse programa, digno de uma nova política, não se pode inventar na solidão de um gabinete".[197] A *Liga* se prestaria a estudar cada detalhe da vida espanhola e propor soluções, com o intuito de chegar até o coração das massas: "pelo periódico, o folheto, o comício, a conferência, a conversa pessoal, iremos fazer penetrar nas massas nossas convicções e intentaremos que se disparem correntes de boa vontade".[198]

A palavra de ordem é "mãos à obra", pois o tempo urge. Reger todo o processo toca às minorias melhores e aos intelectuais, e será melhor para esses que não cedam à tentação fácil das abstrações, pois não estão no mundo para "fazer malabarismos com as ideias e sim encontrar ideias com as quais possam

---

195 ORTEGA Y GASSET, J. *Obras Completas*, t. 1, p. 710.
196 *Ibid.*, p. 738.
197 *Ibid.*, p. 735.
198 *Ibid.*, p. 742.

os demais homens viver".[199] Ortega estava certo que a sua geração seria capaz de captar o novo momento que a Espanha vivia e dar uma resposta à altura.

Ortega pretende angariar o respeito daqueles que vieram antes dele e dos pertencentes à sua geração, tais como Salvador de Madariaga, Antonio Machado, Ramón Perez de Ayala, Gustavo Pittaluga, Fernando de los Ríos, Pedro Salinas, Ramiro de Maeztu, Luis de Hoyos e Enrique de Mesa, e conquistar os corações dos mais jovens, as novas gerações que por desgosto desistiram da política, o que para ele representa uma catástrofe, e, assim, fazer da liga um organismo intergeracional. Ortega vestiu a capa de líder de sua geração e operava a partir do "subsolo da realidade espanhola".[200]

3. Ortega e Unamuno

Os filósofos Jose Ortega y Gasset e Miguel de Unamuno eram o que se poderia chamar de inimigos íntimos.[201] Essa aparente inimizade se deve à discordância existente entre eles sobre o papel da Espanha no mundo. Insignificante para o primeiro, relevante para o segundo, "Ortega propunha europeizar a Espanha, enquanto Unamuno propunha espanholizar a Europa".[202] Aparente inimizade porque, não obstante

---
199 *Id. Obras Completas,* t. 5, p. 266.
200 CACHO VIU, V. *Repensar el Noventa y Ocho.* Madri: Biblioteca Nueva, 1997, p. 128.
201 Cf. MARTÍN, J. V. "Unamuno y Ortega, entre Energúmenos y Papanatas". *Debats,* 124: 51, 2014 (Valência, Imprenta Provincial).
202 *Ibid.,* p. 55.

as discordâncias teóricas, as correspondências trocadas entre Ortega e Unamuno demonstram uma grande amizade e estreito intercâmbio intelectual. Tanto que em seu primeiro ano na Alemanha, Ortega recebe uma importante ajuda de Unamuno, que o coloca em contato com professores alemães, seus amigos. Portanto, havia luta, mas havia também afeto. O próprio Ortega reconhece ao fazer um balanço de sua relação com Unamuno: "era um combate corpo a corpo, porém, em toda luta corpo a corpo tem sempre um momento que faz dela um abraço".[203] Em carta à Rosa Spottorno, revela: "ontem recebi uma longa carta de Unamuno; faz-me muito bem essas cartas porque é o único homem europeu que conheço na Espanha cujo espírito se aproxima ao meu".[204]

A relação de Ortega e Unamuno, apesar da diferença de idade e de ideias, se fortalece com o tempo, migrando daquela de professor e discípulo para uma relação equalitária na vida acadêmica, intelectual e literária. Assim, é normal a troca de confidências entre eles e a tentativa de apoiarem-se mutuamente. Ortega sente uma grande ansiedade em seu *début* filosófico, em trazer para o concreto as suas muitas intuições filosóficas e desabafa com Unamuno: "sinto que sob a consciência me andam ideias desconhecidas fazendo seu serviço; de quando em quando, uma emerge como um peixe a tomar ar, e eu a vejo;

---

203 ORTEGA Y GASSET, J. *Obras Completas*, t. 7, p. 390.
204 ORTEGA, S. (Org.). *José Ortega y Gasset: Cartas de un Joven Español*. Madri: El Arquero, 1991, p. 489.

porém, como não vejo o resto de sua família [de ideias], não me serve de nada".[205] E não se incomodava de mostrar-se inseguro diante do amigo: "e me vem a convicção de que não sei nenhuma palavra de nada".[206]

Não obstante o mútuo bem-querer, não abriam mão de sua visão de mundo e da Espanha. Irritava profundamente a Unamuno o germanismo de Ortega aliado a uma visão depreciativa do "ser espanhol". Ortega defendia as ideias aprendidas na Alemanha, sobre as quais Unamuno exprimia franco desacordo, não escondendo o seu sentimento: "eu me vou sentindo furiosamente anti-europeu".[207]

O mais grave desentendimento entre os dois amigos ainda estava por vir. E se instala quando, em uma carta ao poeta e escritor Azorín, publicada pelo Diário ABC, Unamuno afirma que não passam de *papanatas*, ou seja, bebezinhos, os jovens que saíram da Espanha por força de uma bolsa de estudos, e agora retornam com ideias que depreciam a Espanha e exaltam outros países europeus, sobretudo a Alemanha, justamente o caso do jovem Ortega. Para Unamuno é preciso urgentemente reafirmar o valor do espírito espanhol e não dar ouvidos àqueles que "acreditam que a Espanha acabou no século XVII".[208] Toda aquela antipropaganda nada mais era

---
205 ROBLES, L. (Org.). *Epistolário Ortega-Unamuno*. Madri: El Arquero, 1987, p. 30.
206 *Ibid.*, p. 30.
207 *Ibid.*, p. 42.
208 UNAMUNO, M. "De Unamuno". *ABC*, Madri, 15 set. 1909, p. 10. Disponível em: http://www.filosofia.org/hem/dep/abc/9090915.htm.

que uma campanha de difamação contra a Espanha, com o intuito de europeizá-la.

Unamuno não se referia diretamente a Ortega, mas este, porém, recebe a fala como ofensa pessoal e procura dar uma resposta à altura, revelando gosto pela polêmica. Se Unamuno lhe chama de *papanatas*, ele não hesitará nomear Unamuno, não sem ironia, também com um nome depreciativo: "eu devia responder com algum vocábulo tosco ou, como diziam os gregos, rural, a D. Miguel de Unamuno, energúmeno espanhol".[209] E procurava reafirmar a importância do engenho europeu como solução para o atraso espanhol: "Europa. Nessa palavra começam e terminam, para mim, todas as dores da Espanha".[210]

Tanto a posição pró-germanista de Ortega quanto a nacionalista de Unamuno tinham os seus aliados na polêmica instalada, pois aquela era uma questão que dividia a intelectualidade espanhola. Porém, era possível mesmo afirmar que ambos se completavam, pois "Unamuno sem Ortega estaria cego; Ortega sem Unamuno estaria morto".[211]

Ambos nutriam posições diferentes também no que dizia respeito à religião, já que Unamuno conserva sua fé até o fim da vida e Ortega se declara ateu, também até o fim da vida. Unamuno tenta animar Ortega a se abrir à novidade do cristianismo, que

---
209 ORTEGA Y GASSET, J. *Obras Completas*, t. 1, p. 128.
210 *Id., Ibid.*
211 VILARROIG MARTÍN, Jaime. "Unamuno y Ortega, entre Energúmenos y Papanatas". *Debats*, 124: 57, 2014 (València, Imprenta Provincial).

consiste a entregar-se não a uma ideia, mas a uma pessoa, Cristo: "a grandeza do cristianismo consiste no culto a uma pessoa e não a uma ideia. Não existe mais teologia que em Cristo, o que sofreu, morreu e ressuscitou".[212] Parte da irritação de Unamuno quando Ortega passa a louvar o povo alemão em detrimento do espanhol é porque um dos professores que Ortega mais admira é Hermann Cohen, judeu e, portanto, não cristão. Unamuno deixa claro seu incômodo e sugere a Ortega aproximar-se do "cristianismo originário espanhol, por ilógico e caótico que seja",[213] e deixar de lado "toda filosofia saduceia que tende a borrar o único problema, o único! *Memento mori*!".[214] Mesmo colocando a pessoa de Cristo no centro de sua vida, Unamuno não cai em fáceis fanatismos e reafirma seu humanismo em frase lapidar: "porque ser homem, homem completo e puro, inteiro e verdadeiro, todo homem, vale mais que ser semi-Deus".[215] À crítica reiterada de Ortega à Espanha, Unamuno responde valorizando sua terra pátria, dando a ela o seu justo valor: "e não tem que desconfiar da Espanha, nem caluniá-la".[216]

Porém, Ortega não se fazia de rogado. Gostando Unamuno ou não, deixa claro que a Espanha, se não cuidar, perderá o bonde da história – se é que já não o perdeu: "em alguns momentos sinto

---

212 ROBLES, L. (Org.). *Epistolário Ortega-Unamuno*. Madri: El Arquero, 1987, p. 101.
213 *Ibid.*, p. 102.
214 *Id., Ibid.*
215 *Ibid.*, p. 53.
216 *Ibid.*, p. 112.

vergonha étnica; vergonha de pensar que há séculos minha raça vive sem dar uma contribuição mínima para a tarefa humana".[217] O pessimismo de Ortega em relação à Espanha não é sem motivo; através dele busca alertar o povo espanhol de suas mazelas e animar uma reação: "Ortega está colocando em marcha o *pessimismo metódico* que prega há anos".[218] Tal pessimismo consiste em considerar a história espanhola como a história de um fracasso. O filósofo afirma, sem meias palavras: "Espanha é a história de uma enfermidade".[219] Unamuno não aceitava e não compreendia tanto pessimismo, ainda mais quando Ortega voltava à questão sempre com aquele tom depreciativo: "os espanhóis tem sido sempre uma raça simiesca, a periferia da humanidade".[220]

O desacordo entre Unamuno e Ortega também tocava as preferências filosóficas literárias de cada um. Unamuno afirmava, para desespero de Ortega, que se tivesse que escolher entre o filósofo Descartes e o místico espanhol São João da Cruz, "ficaria com este".[221] Desesperador para Ortega, pois "sem Descartes ficaríamos às escuras e nada veríamos". Como era possível que Unamuno colocasse no lugar do gênio francês "o lindo irmãozinho de coração incandescente"?[222] E

---
217 Ibid., p. 58.
218 JORDI, G. *José Ortega y Gasset*. Madri: Taurus, 2014, p. 158.
219 ORTEGA Y GASSET, J. *Obras Completas*, t. 1, p. 538.
220 ROBLES, L. (Org.). *Epistolário Ortega-Unamuno*. Madri: El Arquero, 1987, p. 161.
221 UNAMUNO, M. "De Unamuno". *ABC*, Madri, 15 set. 1909, p. 10. Disponível em: http://www.filosofia.org/hem/dep/abc/9090915.htm.
222 ORTEGA Y GASSET, J. *Obras Completas*, t. 1, p. 129.

assim, no calor da disputa via periódicos, Ortega não poupa o filósofo de Salamanca e arremata dizendo, impiedosamente, que até as veneráveis pedras de Salamanca "se ruborizam ouvindo o que Unamuno diz quando a tarde entre elas passeia".[223]

Não obstante aos embates intelectuais, permaneceu a admiração e o respeito entre os dois filósofos. Unamuno mostrou-se contente pelas conquistas de seu antigo pupilo de grego, como, por exemplo, a nomeação de Ortega para a cátedra de Psicologia, Lógica e Ética, da Escola Superior de Magistério em 24 de junho de 1910, e outra nomeação para a cátedra de Metafísica, em 25 de novembro de 1910, desta vez na Universidade Central. E o admoesta para se destacar e mostrar serviço, aí sim, só depois o parabeniza: "reservo minhas felicitações até ver o que o senhor fará com ela [com a cátedra]".[224] Sempre que surge alguma novidade em suas carreiras é ocasião para os amigos se alegrarem mutuamente, como quando Unamuno apresenta a Ortega os manuscritos daquela que foi sua obra capital: "se o senhor quiser, enviarei o manuscrito do meu *Tratado do Amor de Deus*. Leia--o e devolva-me".[225] Mais tarde, Unamuno mudará o título original e a obra se tornará famosa com o título *Do Sentimento Trágico da Vida*.

Ambos valorizavam bastante o valor de uma amizade fiel, trocando experiências de vida que os

---
223 *Ibid.*, p. 132.
224 ROBLES, L. (Org.). *Epistolário Ortega-Unamuno*. Madri: El Arquero, 1987, p. 101.
225 *Ibid.*, p. 50.

marcavam, como da vez que Unamuno escreve feliz a Ortega dizendo: "há pouco tive em Barcelona uma grande alegria. Dei a mão a Maragall, olhamo-nos nos olhos e nos sentimos irmãos. Se comoveram as raízes de nossas almas. Isto de sentir a irmandade espiritual é o mais delicioso que se pode sentir".[226] Para Ortega, ter o apoio de um amigo significa ter a vida bastante simplificada. Ao saber da morte de Francisco Navarro Ledesma, a quem considerava quase um irmão, escreve ao pai: "todas as alianças que fazem os homens para lutar são vãs: o vento leva um quando menos se pensa e o outro tem que seguir lutando solitariamente com a brutal besta cega do destino".[227] Em outra carta, Ortega repete desolado a perda do amigo: "deve-se fazer o caminho solitariamente".[228] Neste sentido, ter uma mulher não basta, pois querer uma mulher é como querer a si mesmo. Mas, na vida "existem coisas, socorros, conselhos, auxílios que precisam vir de fora".[229] E, para isso, é necessário um amigo. Coisas, socorros, conselhos e auxílios que Unamuno e Ortega se davam mutuamente.

Ortega estimula Unamuno a dar passos maiores e a não se render a trabalhos de pouca monta, uma vez que tem capacidade para escrever trabalhos de fôlego, dando assim uma contribuição muito maior à Espanha: "quando o senhor se convencerá, meu

---
226 *Ibid.*, p. 54.
227 ORTEGA, S. (Org.). *José Ortega y Gasset: Cartas de un Joven Español*. Madri: El Arquero, 1991, p. 169.
228 *Ibid.*, p. 171.
229 *Ibid.*, p. 393.

queridíssimo Dom Miguel, que sua missão consiste em fazer o que não podem fazer seus discípulos?".[230] Ortega sente que grandes homens podem e devem dar uma grande contribuição às gerações que estão por chegar, devido a sua experiência de vida. Ortega tinha como marca motivar as pessoas e fazer com que elas dessem o máximo que podiam. Recorde-se os mesmos estímulos que Ortega fizera ao seu pai, para que alçasse voos mais altos, desaconselhando-o a escrever artigos, deixando a faina diária dos periódicos e a se lançar a empresas mais duradouras, como a escrita de clássicos.[231]

Ortega mostrou-se muito próximo e solidário a Unamuno, dando-lhe apoio incondicional quando de sua destituição do reitorado da Universidade de Salamanca. À época, o Ministro de Instrução Pública fez um discurso no Senado dando as razões da destituição de Unamuno. Todo episódio envolvendo a destituição soava a Ortega uma apatia das pessoas diante das decisões de governo, o que ele nominava como servilismo: "hoje nos domina a emoção mais contraria à honra civil: o servilismo ao Estado e aos governantes".[232] Mesmo a imprensa tinha sido tomada pela apatia e nada fazia, o que Ortega classificava como uma "deplorável atitude",[233] uma inércia que referendava acriticamente os atos do governo. A forma pela qual Unamuno foi

---
230 ROBLES, L. (Org.). *Epistolário Ortega-Unamuno*. Madri: El Arquero, 1987, p. 63.
231 Cf. ORTEGA, S. (Org.). *José Ortega y Gasset: Cartas de un Joven Español*. Madri: El Arquero, 1991, p. 279.
232 ORTEGA Y GASSET, J. *Obras Completas*, t. 7, p. 396.
233 *Ibid.*, p. 396.

destituído dava a Ortega razão de considerar a Espanha uma terra onde os verdadeiros homens de valor não eram reconhecidos, no que ele considerava um "processo destruidor dos melhores, dessa peculiar organização morbosa de uma sociedade que a faz repelir seus indivíduos mais fortes".[234] Para Ortega, deve-se reconhecer que, quando a Espanha passava por um vazio moral, a voz de Unamuno foi providencial e mostrou "o valor da verdadeira intelectualidade".[235]

Ortega sugeriu a Unamuno o que fazer como estratégia de enfrentamento: primeiro "uma campanha de guerrilha – artigos impessoais – para ir levantando pressão em toda Espanha".[236] E, segundo, calar-se e deixar aos amigos falarem por ele: "não é a sua hora, mas a nossa".[237] Por fim, o aconselha a não escrever de próprio punho artigos provocatórios no periódico *Novo Mundo* de Madri, que poderiam comprometê-lo ainda mais: "tenha confiança e, sobretudo, calma. O artigo no *Novo Mundo* está inquieto e sem o pleno domínio da mão".[238] Unamuno não fez caso dos conselhos de Ortega e seguiu publicando os artigos...

Anos mais tarde, ao saber da morte do amigo, Ortega dirá que Unamuno morreu do "mal de Espanha".[239] Ele se apressa a dizer que não se trata

---
234 *Ibid.*, p. 392.
235 *Ibid.*, p. 393.
236 ROBLES, L. (Org.). *Epistolário Ortega-Unamuno*. Madri: El Arquero, 1987, p. 117.
237 *Id., Ibid.*
238 *Ibid.*, p. 118.
239 ORTEGA Y GASSET, J. *Obras Completas*, t. 5, p. 260.

de uma frase de efeito, mas de uma realidade bastante concreta, sobre a qual vem meditando há anos. Ao calar a voz de Unamuno, a Espanha ficava mais pobre: "a voz de Unamuno já soava sem parar nos ares da Espanha havia um quarto de século. Ao cessar para sempre, temo que nosso país padeça uma era de atroz silêncio".[240] Em 1940, Ortega recebe o pedido do filho de Unamuno, Fernando, de escrever o prólogo da edição das obras completas de seu pai. Ortega responde que o fará com todo o prazer.[241]

4. Ortega e os seus primeiros anos na Alemanha

É admirável que Ortega tenha enfrentado sozinho o desafio de viver em um país estrangeiro tendo apenas 22 anos de idade, sem saber a língua nativa e com poucos recursos financeiros. Nas correspondências que o jovem madrilenho troca com a família, com a noiva e com alguns amigos, vê-se claramente como ele passou por sérias dificuldades nos primeiros meses na Alemanha. Da sua primeira incursão a Leipzig, em 1905, o próprio Ortega fará um balanço dizendo: "passei aqui sete meses. Nada saiu mal, porém, nada saiu bem".[242] Ortega retorna à Alemanha mais duas vezes, em 1907 e em

---

240 *Ibid.*, p. 262.
241 ROBLES, L. (Org.). *Epistolário Ortega-Unamuno*. Madri: El Arquero, 1987, p. 154.
242 ORTEGA, S. (Org.). *José Ortega y Gasset: Cartas de un Joven Español*. Madri: El Arquero, 1991, p. 200.

1911, para aprofundar seus estudos. No retorno à Espanha da primeira viagem trazia no peito certo desconforto, achando que poderia ter feito mais. A sensação é que não tinha aproveitado bem o tempo. Certo que havia aprendido bem a língua alemã, e assimilado a contento o latim, o grego, e outras disciplinas que havia escolhido estudar. O balanço desta primeira etapa de estudos no exterior não era tão animador: "estou contente comigo mesmo, mas descontente das circunstâncias, que não me ajudaram".[243] Circunstâncias essas que se resumem a um choque cultural, que vitima todo estrangeiro, o desconforto com a língua e o estranhamento com a comida. Na Alemanha, em comparação com Madri, comia-se pouco e mal. Mas nada o fará desistir de importar o idealismo alemão para a Espanha. Ele mesmo diz, jocosamente, em carta a seu amigo Navarro Ledesma: "e eu que sonhava em converter-me, a partir da Alemanha, em importador de idealismo".[244] Na Alemanha se faz a verdadeira filosofia e é lá que ele deve estar, caso queira realmente aprender alguma coisa e ser um filósofo de respeito no cenário espanhol: "a Alemanha do Idealismo, dos grandes edifícios intelectuais, a Alemanha da alta cultura representada pela Modernidade".[245] Ele assume como missão patriótica importar para a Espanha "a ciência europeia,

---
243 *Id., Ibid.*
244 *Ibid.*, p. 580.
245 SAN MARTÍN, J. *La Fenomenología de Ortega y Gasset*. Madri: Biblioteca Nueva, 2012, p. 65.

o sistema, a disciplina mental".²⁴⁶ Ortega pretende encontrar na Alemanha um antídoto para o que pensa ser o atraso espanhol. O jovem madrilenho estava pronto para fazer uma profunda imersão na filosofia alemã.

Em seu período na Alemanha, Ortega tenta superar Nietzsche, que havia sido um de seus autores prediletos: "já sabe como mamei em Nietzsche",²⁴⁷ diz a seu amigo Navarro Ledesma. Mas agora a vez é de Kant, é este o seu objetivo nos anos que reside na Alemanha.²⁴⁸ De Berlim escreve animado para o pai: "agora estou em, de, com, por, sobre Kant e espero ser o primeiro espanhol que o estudou a sério. Quando eu te falar da ignorância na Espanha acerca deste assunto ficará pálido".²⁴⁹

Unamuno tentava refrear o entusiasmo de Ortega, mesmo alertando-o sobre Hermann Cohen, professor que Ortega muito elogiava: "Cohen não me entra: é um saduceu que me deixa gelado".²⁵⁰ Todo aquele idealismo que Ortega queria importar da Alemanha, para Unamuno era puro demais, não concorria com o sentimento trágico da vida: "conceito puro, conhecimento puro, vontade pura,

---
246 ORRINGER, N. R. *Ortega y sus Fuentes Germánicas*. Madri: Gredos, 1979, p. 56.
247 ORTEGA, S. (Org.). *José Ortega y Gasset: Cartas de un Joven Español*. Madri: El Arquero, 1991, p. 616.
248 SAN MARTÍN, J. *La Fenomenología de Ortega y Gasset*. Madri: Biblioteca Nueva, 2012, p. 52.
249 ORTEGA, S. (Org.). *José Ortega y Gasset: Cartas de un Joven Español*. Madri: El Arquero, 1991, p. 255.
250 ROBLES, L. (Org.). *Epistolário Ortega-Unamuno*. Madri: El Arquero, 1987, p. 110.

razão pura... tanta pureza me tira o fôlego".[251] O idealismo, de tão rarefeito, o asfixiava, e ele preferia estar com os pés no chão, onde havia "terra onde agarrar, flores da paixão, da ilusão, de felizes enganos, de consoladoras superstições, de velhas cantigas da infância".[252] Ao terminar um livro, ao seu ver, com a marca de um racionalismo ateu, ele se persignava e se colocava em oração. Mais do que resignar-se à razão, valia a sua fé na vida após a morte, onde finalmente encontraria todos os seus entes queridos e a "segurança de que a alma humana, esta pobre alma humana minha e a dos meus, é o fim do universo".[253]

Ortega, contrariando Unamuno, dizia que o modelo latino de cultura se mostrava ultrapassado e urgia inspirar-se em outro modelo, o germânico, que também apresentava carências, mas ainda assim se apresentava melhor que o sistema francês, há muito usado na Espanha como paradigma. Em artigo no periódico *El Imparcial*, escrito em 1911, em resposta às autoridades educacionais francesas que pedem um forte retorno ao estudo do latim, Ortega escreve que este não é o melhor caminho; melhor mesmo é estimular o aprendizado da língua alemã e promover o germanismo. Os espanhóis precisam nutrir-se daquilo que é essencial, "por isso é necessário que toda a instrução superior espanhola, todas as carreiras universitárias, todas as escolas especiais, exijam o

---
251 *Id., Ibid.*
252 *Id., Ibid.*
253 *Id., Ibid.*

conhecimento do idioma alemão".[254] A Europa, tendo a Alemanha como uma referência forte e positiva, tinha muito a ensinar à Espanha, que por arcaica, perdia o trem da história. O grande fascínio de Ortega pela Alemanha só se justifica pelo fato de que ali está o espírito que a Espanha necessita: "Ortega está na Alemanha, porém com um olho na Espanha. A abundante correspondência aos pais, à noiva, amigos e mestres, e as colaborações nos periódicos o atestam".[255] É fato porém que Ortega bebeu da fonte da filosofia germânica e assim pôde dar os seus primeiros passos na reflexão filosófica empreendida em seus primeiros anos. Ele mesmo reconhece que deve muito à Alemanha grande parte do seu saber intelectual e reconhece também "a superioridade indiscutível e gigantesca da ciência alemã sobre todas as demais".[256]

Quando, finalmente, Ortega consegue se matricular em um dos cursos de Hermann Cohen, escreve animado à sua noiva: "hoje me matriculei e fui ver o grande kantiano Cohen, um velhinho muito simpático".[257] Ortega não segura a emoção ao se deparar com aquele homem "gordo e pequeno, com uma cabeleira branca e um charmoso perfil judeu",[258] que ele considera ser o maior pensador vivo da Alemanha. O madrilenho, naturalmente

---
254 ORTEGA Y GASSET, J. *Obras Completas*, t. 9, p. 210.
255 MOLINUEVO, J. L. *Para Leer a Ortega*. Madri: Alianza, 2002, p. 29.
256 ORTEGA Y GASSET, J. *Obras Completas*, t. 4, p. 347.
257 ORTEGA, S. (Org.). *José Ortega y Gasset: Cartas de un Joven Español*. Madri: El Arquero, 1991, p. 449.
258 *Ibid.*, p. 563.

dotado da extroversão dos mediterrâneos, desenvolveu certa intimidade com Cohen e Natorp, vindo fazer parte do círculo de alunos mais próximos desses professores e até mesmo tendo-os vez ou outra como conselheiros, como da vez em que, passeando com o casal Cohen e manifestando o desejo de voltar definitivamente para a Espanha, ouviu do alemão o conselho de ficar mais um semestre na Alemanha e participar do seu curso de lógica.

Em uma das muitas cartas à noiva, Ortega comunica que não pôde escrever determinado dia, pois passou a tarde inteira na casa dos Cohen. Ele sente que Cohen o tem em alta conta: "ontem foi aniversário de Cohen (65 anos): fui visitá-lo pela manhã, hora em que aqui se fazem visitas. O pobre velho se alegra sempre que me vê e, mesmo com os enganos causados pelo idioma, tem me dito que sou melhor que os pobres ratos que o rodeiam".[259] E, anos depois, se recordará saudoso do antigo professor: "homem apaixonado, a filosofia concentrou-se nele como a energia elétrica em um condensador e o peso de uma aula se transformava em raios e centelhas. Era um formidável escritor, como era um formidável orador".[260]

Nem tudo é exagero de Ortega a fim de impressionar a noiva. Os professores viam com simpatia a extroversão e a inteligência do jovem espanhol, prova é que recebe convites para fazer trabalhos extraclasses,

---
259 *Ibid.*, p. 573.
260 ORTEGA Y GASSET, J. *Obras Completas*, t. 9, p. 34.

como por exemplo, colaborar na revista universitária: "é já membro desse círculo íntimo dos colaboradores de uma revista em uma universidade tão elitista, tão blindada, tão hostil aos recém-chegados sem muito dinheiro, espanhóis ou não espanhóis".[261] É tanta proximidade, que diz: "[Cohen] me abraça arrebatado cada vez que eu nomeio um livro judeu-espanhol ou um tratado árabe".[262] Anos mais tarde, revela como ficou extremamente impactado pelo professor à época de sua chegada na Alemanha: "sua frase era, por ser alemã, extraordinariamente breve, puro nervo e músculo operante, um soco de boxeador. Eu sentia cada uma delas como um golpe na nuca".[263]

A admiração de Ortega dirige-se também a outro professor, Paul Natorp, "um homem boníssimo, simples, terno, com uma alma de rolinha e uma cabeleira de Robinson Crusoé". Neokantiano como Cohen, bastante próximo e amigável, a ponto de receber alguns alunos em sua própria casa para almoços e jantares, motivo para Ortega vangloriar-se de certa intimidade com o professor: "sentaram-me na cabeceira da mesa à direita de *Frau* Natorp, que por certo deve ter sido belíssima".[264] O aluno recém--chegado achava digno de destaque a paixão do filósofo alemão pelo idealismo platônico, e dizia, de forma bastante jocosa, que Natorp obrigava Platão a

---

261   GRACIA, J. *José Ortega y Gasset*. Madri: Taurus, 2014, p. 71.
262   ORTEGA, S. (Org.). *José Ortega y Gasset: Cartas de un Joven Español*. Madri: El Arquero, 1991, p. 563.
263   ORTEGA Y GASSET, J. *Obras Completas*, t. 9, p. 34.
264   ORTEGA, S. (Org.). *José Ortega y Gasset: Cartas de un Joven Español*. Madri: El Arquero, 1991, p. 285.

dizer coisas que jamais o grego teria dito, "cometendo a crueldade de manter Platão preso por catorze anos em uma masmorra, tratando-o a pão e água, submetendo-o aos maiores tormentos, para declarar que ele, Platão, havia dito exatamente o mesmo que Natorp".[265] Em suma, Hermann Cohen e Paul Natorp são os responsáveis pelo mergulho idealista de Ortega no kantismo, filosofia que depois busca superar: "em Ortega se percebe a marca de Cohen, tanto de seus comentários sobre Kant, como de seu sistema de filosofia".[266] O jovem estudante madrilenho se sente seguro tendo como guias filosóficos Cohen e Natorp, e assim se decide integralmente por esta linha de filosofia.

O filósofo Nelson R. Orringer teve permissão da filha de Ortega, Soledad Ortega, para pesquisar a biblioteca pessoal do filósofo madrilenho, e encontrou ali, com marcações à lápis seguramente feitas por Ortega, um exemplar de um ensaio escrito por Cohen em 1889, intitulado *Kants Begründung der Aesthetik*, o que o levou a afirmar: "se examinamos hoje o exemplar de Ortega de *Kants Begründung der Aesthetik*, temos provas de que se servia dos livros de Cohen para compreender Kant, quiçá antes de conhecê-lo em Marburgo".[267] O certo é que Ortega "reordena doutrinas neokantianas segundo um

---

265 ORTEGA Y GASSET, J. *Obras Completas*, t. 9, p. 34.
266 MOLINUEVO, J. L. *Para Leer a Ortega*. Madri: Alianza, 2002, p. 36.
267 ORRINGER, N. R. *Ortega y sus Fuentes Germánicas*. Madri: Gredos, 1979, p. 57.

modo de pensar que nele será permanente".[268] De Cohen, Ortega agrega o método e a disciplina necessários para quem pretende lidar com a filosofia, a fundamental "disciplina mental".[269]

É possível notar a influência que os professores de Marburgo, especialmente Cohen, exercem sobre Ortega em um de seus primeiros escritos de fôlego, intitulado *Adão no Paraíso,* que versa sobre a estética, de 1916. Tendo como mote a análise de algumas obras do pintor basco Ignacio Zuloaga Zabaleta (1870-1945), Ortega serve-se do texto para colocar de pé uma interessante discussão sobre a distinção entre idealismo e realismo: a arte parte da *res* ou da *ideia*?

Segundo Ortega, os partidários do realismo acreditam ser possível, na criação artística, a correspondência estreita entre a cópia e o real. Para eles, "a realidade corresponde ao copiado; a ilusão, o fingido, à obra de arte".[270] Ele, porém, põe um freio a esse otimismo realista ressalvando que "sabemos que uma coisa não é o que vemos com os olhos: cada par de olhos vê uma coisa distinta e às vezes em um mesmo homem ambas pupilas se contradizem".[271] Além do mais, existe uma dificuldade de apreender a totalidade das coisas a partir da realidade, uma vez que tudo está em relação: "um indivíduo, seja coisa ou pessoa, é o

---

268 *Ibid.*, p. 73.
269 ROBLES, L. (Org.). *Epistolário Ortega-Unamuno*. Madri: El Arquero, 1987, p. 60.
270 ORTEGA Y GASSET, J. *Obras Completas*, t. 2, p. 69.
271 *Id., Ibid.*

resultado do resto total do mundo: é a totalidade das relações".[272] Assim, com o intuito de retratar a realidade da forma mais autêntica possível, a arte "tem que criar um mundo virtual".[273] Uma vez que "a materialidade da vida de cada coisa é inabordável",[274] resta à arte lidar com "a forma da vida".[275]

Para o observador atento, o quadro de Zuloaga não se detém no realismo: vai além, abandonando-o. O que chama a atenção em um primeiro momento é "um plano de pinceladas em que se transcrevem as coisas do mundo exterior; este plano do quadro não é uma criação, é uma cópia".[276] Neste nível, o quadro nada mais é que uma cópia do mundo real. Porém, no momento imediatamente posterior da observação, não se nota mais a pintura materialmente considerada, mas algo que transcende as linhas e as cores: "sobre essas pinceladas paira um mundo de unidades ideais que se apoia nelas e nelas se infunde: esta energia interna do quadro não está tomada por coisa alguma; nasce no quadro, somente nele vive, é o quadro".[277] Logo, o que está no quadro em segundo plano é uma realidade virtual, que vai para além dos elementos reais que constituem o quadro. A esta realidade virtual, Ortega dá o nome de *unidade*: "o que nele [no quadro] tem a mais, não é uma coisa, é uma unidade, elemento

---
272 *Ibid.*, p. 68.
273 *Id., Ibid.*
274 *Id., Ibid.*
275 *Id., Ibid.*
276 *Ibid.*, p. 59.
277 *Id., Ibid.*

indiscutivelmente irreal".[278] A cor e a linha são coisas materiais, a unidade percebida no quadro não.

No que tange à pintura, cabe ao artista antever, com a sua intuição, a *relação* como nota da realidade, "seu significado, seu valor".[279] O valor dependerá de cada ponto de vista: "existem tantas realidades como pontos de vista".[280] O mesmo elemento pode suscitar valores diferentes a depender do ponto do qual é observado. A terra, por exemplo, para um agricultor, é algo a ser cultivado; para um astrônomo, algo a ser estudado – valores diferentes, portanto. O que define cada valor é a forma como ele vem pensado: "ver e tocar as coisas não são, por fim, senão maneiras de pensá-las".[281]

Ortega lança mão do conceito de *relação* para estruturar, ainda que inicialmente, a filosofia da vida. A ciência se move utilizando concepções unívocas, elegendo o que é comum entre as coisas, a abstração, o universal. Para Ortega, a ciência trata da vida em abstrato, enquanto "por definição, o vital é o concreto, o incomparável, o único. A vida é o individual".[282] A ciência divide o problema da vida em dois vasos comunicantes: a natureza e o espírito. Pelo viés espiritual se detecta que a vida é um conjunto de relações, pois o estado de espírito é a relação de um estado posterior com um anterior e tem por base a

---

278 *Id., Ibid.*
279 *Id., Ibid.*
280 *Ibid.*, p. 60.
281 *Id., Ibid.*
282 *Ibid.*, p. 66.

fisiologia ou um modo de energia. Um sentimento como a tristeza, por exemplo, não pode ser entendido de forma generalista, mas, sim, individual: "o triste, o horrivelmente triste, é esta tristeza que eu sinto neste instante".[283] O problema que se apresenta é que, ao depender das relações, a ciência está fadada ao insucesso, dado que essas são infinitas, característica que vai contra o objeto de qualquer ciência. Resta ao homem buscar as respostas últimas no campo da estética, pois "quando os métodos científicos nos abandonam, começam os métodos artísticos".[284] O tema da arte ou aquilo que a arte copia não é a natureza ideal, que está encerrada nos livros de física, mas "o problema da arte é o vital, o concreto, o único enquanto único, concreto e vital".[285]

★★★

Ortega se pergunta o que é o ser de uma coisa para imediatamente responder que "a vida de uma coisa é o seu ser". O ser da coisa se capta no momento de sua relação com outra coisa, no seu modo de estar em *relação*. Só tem sentido falar de sistema planetário, por exemplo, porque se trata de "um sistema de movimentos, portanto, de relações".[286] Cada planeta tem o seu ser determinado em razão de sua relação com outro planeta: "cada elemento do sistema necessita de todos os demais: é a relação mútua entre os outros. A

---
283 *Ibid.*, p. 67.
284 *Id., Ibid.*
285 *Id., Ibid.*
286 *Ibid.*, p. 65.

essência de cada coisa se resolve em puras relações".[287] E Ortega completa: "sem os demais planetas, pois, não é possível o planeta Terra, e vice-versa".[288] Com este exemplo, Ortega procura mostrar que "a vida ou o ser de um planeta é o sistema de referências que o vincula com os outros planetas".[289] Esta intuição sobre o modo de ser das coisas como relação, lhe dá margem para afirmar o idealismo como uma filosofia típica da modernidade, por causa da substituição do paradigma da substância pelo de relação: "como a relação não é uma *res*, senão uma ideia, a filosofia moderna se chama idealismo, e a medieval, que começa em Aristóteles, realismo".[290] Tudo está em relação e, assim, "uma pedra à beira do caminho necessita para existir o resto do Universo".[291]

Na medida em que se aprofunda no estudo do idealismo alemão, Ortega se convence de que "a realidade não existe, o homem a produz. A realidade não é o que se vê, se ouve, se apalpa – senão o que se pensa; o visto, ouvido, apalpado é apenas aparência".[292] E tenta explicar isso à sua noiva com um exemplo: "a terra parece estar quieta: *eppur si muove* – disse Galileu: e, no entanto, se move. Quer dizer: aos olhos a terra está quieta, porém, na razão,

---

287 *Ibid.*, p. 66.
288 *Ibid.*, p. 65.
289 ORRINGER, N. R. *Ortega y sus Fuentes Germánicas*. Madri: Gredos, 1979, p. 58.
290 ORTEGA Y GASSET, J. *Obras Completas*, t. 2, p. 66.
291 *Id., Ibid.*
292 ORTEGA, S. (Org.). *José Ortega y Gasset: Cartas de un Joven Español*. Madri: El Arquero, 1991, p. 551.

na ciência, se move".²⁹³ E, duvidando que a sua noiva possa entender tudo aquilo, a conforta dizendo que muitos homens ilustres não entenderam, e dá um outro exemplo: "a terra parece plana; porém é redonda. E como é redonda? Aos olhos? Não, aos olhos é plana. Pois então, como é redonda? Os olhos da carne, que não pensam, enxergam-na plana; porém, os olhos da ciência enxergam-na redonda".²⁹⁴ E procura explicar para a noiva, com o máximo de didatismo, que existem dois mundos, um da sensação, outro, da verdade. O da sensação é momentâneo, o da verdade é eterno, é o mundo onde dois mais dois é igual a quatro, e esse resultado não varia conforme o humor de quem faz a operação. O mundo da verdade é o mundo científico, o outro é o que construímos com as nossas instabilidades. Por isso, não podemos confiar a ele a nossa vida intelectual, ou ela não será verdadeira, "não estará conforme com o que as coisas são de verdade". Quanto mais eu confio minha vida intelectual ao mundo científico, "mais forte, mais profunda e verdadeira ela será".²⁹⁵ O idealismo quer apoderar-se fortemente da realidade, colocando-se como responsável por dar ordem ao caos das múltiplas coisas que se passam no mundo, tendo como tarefa buscar um "princípio de orientação para dominá-las".²⁹⁶

---
293 *Id., Ibid.*
294 *Ibid.*, p. 552.
295 ORTEGA, S. (Org.). *José Ortega y Gasset: Cartas de un Joven Español*. Madri: El Arquero, 1991, p. 556.
296 ORTEGA Y GASSET, J. *Obras Completas*, t. 2, p. 70.

Contudo, para Ortega, a proposta idealista não conseguiu dar respostas aos problemas fundamentais da existência humana. Tentando entender Kant, os filósofos posteriores deixaram de lado outras questões também importantes para o homem: "o idealismo transcendental terminou sendo uma radical catástrofe para a filosofia".[297] Também o pensamento de Hegel inviabilizou o progresso filosófico: "Hegel, que é um dos quatro ou cinco maiores filósofos do planeta Terra, foi também o mais imprudente. A gleba europeia tornou-se terra salgada para os efeitos filosóficos".[298]

Anos mais tarde, Ortega confessa que considera o idealismo reles utopia, uma "existência fora de todo lugar e tempo".[299] O idealismo é utópico porque não existe vida em abstrato. Quem vive está dentro de limites inexoráveis, pois se vive aqui e agora, sendo a vida uma "absoluta atualidade". Ortega orgulha-se de ter tido a coragem de dizer isso quando seus mestres, Cohen e Natorp, com verdadeira obstinação, sustentavam o oposto. Paul Natorp, mesmo sendo homem de "grandíssima agudeza", por não ter personalidade, deixou de ser um grande pensador original, que preocupou-se apenas em ter "originalidade técnica, digamos assim, originalidade de interpretação e de crítica".[300] Também Cohen não logrou muito sucesso, contentando-se em "encher

---

297 *Id. Obras Completas*, t. 9, p. 30.
298 *Ibid.*, p. 30.
299 *Id. Obras Completas*, t. 4, p. 354.
300 ROBLES, L. (Org.). *Epistolário Ortega-Unamuno*. Madri: El Arquero, 1987, p. 68.

de matéria as formas vazias que são em Kant o bom e o justo".³⁰¹ Ortega se convence da impropriedade do estilo de vida alemã; segundo ele, uma vida ideal, "como chamam os pintores alemães as belas paisagens que imaginam". Ou se é homem ou se idealiza a vida, não se pode fazer as duas coisas ao mesmo tempo, pois, a vida, em seu "justo significado", não é ideal e nem deve sê-lo: "a vida não é ideal, senão real e uma vida ideal é uma vida falsa".³⁰²

***

Ortega, convencido da inocuidade do idealismo, passa para a fenomenologia, para depois deixá-la e, por fim, construir o seu sistema de razão vital.³⁰³ Ele se despede do idealismo kantiano lendo sistematicamente Husserl,³⁰⁴ que passa a ser para ele o filósofo por excelência. Husserl, com suas *Investigações Lógicas*, indica para onde a filosofia deve caminhar, e o madrilenho se aprofunda em Husserl para tentar reformá-lo depois, à *la Ortega*.

Manuel García Morente, que, a pedido de Ortega, traduziu do alemão para o espanhol as *Investigações Lógicas*, via latente no amigo uma vontade de "abrir brecha no idealismo",³⁰⁵ pois o considerava

---

301 GRACIA, J. *José Ortega y Gasset*. Madri: Taurus, 2014, p. 236.
302 ORTEGA, S. (Org.). *José Ortega y Gasset: Cartas de un Joven Español*. Madri: El Arquero, 1991, p. 557.
303 *Id., Ibid.*
304 MOLINUEVO, J. L. *Para Leer a Ortega*. Madri: Alianza, 2002, p. 68.
305 GARCÍA MORENTE, M. *Carta a un Amico su Evolución Filosófica. Ortega y su Tiempo*. Madri: Ministerio de Cultura/Palacio de Velázquez del Retiro, mai.-jul. 1983, p. 20.

uma atitude segunda e não primeira de filosofar. Era preciso deixar de considerar as operações do pensamento como realidade primeira e, no seu lugar, colocar a reflexão sobre a vida, a mais originária realidade, uma "base mais radical de intuição direta, imediata".[306] Está aí esboçada a transição empreendida por Ortega do idealismo para uma filosofia da vida, conceito que é o "seu descobrimento filosófico capital".[307]

Mais tarde, Ortega critica também a fenomenologia, especialmente no que tange aos juízos e pré-juízos. Referindo-se à suspensão fenomenológica de Husserl, e dela discordando, Ortega julga que a pessoa, diante de uma realidade desconhecida, se coloca a caminho, a fim de conhecer tal realidade, mesmo que se valha de seus "pré-juízos". Para ele, a atitude contrária é a do orangotango. Os pré-juízos são necessários para formar os juízos: "nos pré-juízos, e somente neles, temos os elementos para julgar".[308] Assim, o homem – e isto é o que o distingue da pura zoologia – se vale de três pré-juízos; a saber, lógica, ética e estética, e vai construindo sua cultura de forma racional, sem se valer de misticismos. É necessário sempre uma base para que os juízos venham formados – também aqui um ataque contra a fenomenologia – e esta base é o pré-juízo: "sem esta condensação tradicional de pré-juízos não existe cultura".[309]

---

306 *Id., Ibid.*
307 *Id., Ibid.*
308 *Id., Ibid.*
309 ORTEGA Y GASSET, J. *Obras Completas*, t. 2, p. 58.

A proposta de Ortega é clara: colocar a vida individual, consciente de seus limites, como princípio primeiro de toda a realidade. O que significa colocar a gravitação universal, a matéria orgânica, toda a história, todos os heróis, todos os filósofos, toda a literatura, o que se corrompe e o que não passa, "tudo gravitando sobre o fruto vermelho, subitamente maduro do coração de Adão".[310]

Em *Adão no Paraíso*, Ortega lembra a narrativa do livro do *Gênesis*, primeiro livro da Bíblia que trata da criação de todas as coisas por Deus. Na metáfora orteguiana, a vida começa com Adão, que vive e sabe que vive: "Adão foi o primeiro ser que, vivendo, sentiu-se viver. Ele é o débil suporte do problema infinito da vida. Isto é o homem: o problema da vida".[311]

Assim, deixando para trás o idealismo e a fenomenologia, Ortega começa a construir sua filosofia da vida, ainda que de forma muito insipiente. Muitos enxergam na doutrina da vida de Ortega a influência, ainda que distante, de Cohen,[312] à época de sua permanência em Marburgo. Justiça seja feita aos mestres alemães de Ortega, pois, ali, adquire "um modo de pensar que não o abandonará nunca".[313]

---

310 *Ibid.*, p. 65.
311 *Ibid.*, p. 64.
312 *Ibid.*, p. 56.
313 HERRERAS, E. "La Importancia de la Estética en el Primer Ortega". *Debats*, 124: 60, 2014 (Valência, Imprenta Provincial).

5. Ortega, o periodismo e a vida intelectual

O periodismo foi, para José Ortega y Gasset, uma extensão da própria vida em família. Explica-se: seu pai, Ortega Munilla, era jornalista e responsável pela seção literária do jornal *El Imparcial*, o periódico espanhol mais importante naquele momento e, sua mãe, Dolores Gasset, era filha do dono do jornal, Eduardo Gasset. Desde muito cedo, Ortega esteve envolvido nas lides do jornal da família e, mesmo no tempo de sua formação na Alemanha, mandará amiúde a seu pai artigos para serem publicados, ainda que nem todos o tenham sido, pois "seu pai foi um severo censor do jovem Ortega".[314] Ortega chega mesmo a pedir ao pai para nomeá-lo correspondente do *El Imparcial* na Alemanha, pois, fazendo uma série de entrevistas com notáveis e escritores alemães, lhe seria possível ganhar algum dinheiro e fazer frente às despesas de sua estadia: "isso me daria um trabalho de duas horas ou duas horas e meia cada jornada e custaria 300 francos. Ninguém consegue ter um correspondente mais barato em Berlim".[315] O pai não lhe dá o cargo solicitado, mas o convida a ser correspondente oficial do *El Imparcial* na cobertura jornalística da visita do jovem monarca espanhol, Rei Alfonso III, à Alemanha. O que não agrada muito a Ortega, pela programação da

---
314 ALFONSO, I. B. *El Periodismo de Ortega y Gasset*. Madri: Biblioteca Nueva, 2005, p. 31.
315 ORTEGA, S. (Org.). *José Ortega y Gasset: Cartas de un Joven Español*. Madri: El Arquero, 1991, p. 197.

viagem em si: "o Rei Alfonso viu da Alemanha somente polícia e militares, militares e polícia".[316] Além do mais, o periódico não lhe mandou fundos suficientes para fazer a solicitada cobertura, o que prejudicou seu trabalho. Ao fim da cobertura faz ao pai reclamações ainda mais contundentes: "eu me fiz de tonto durante todo o tempo e em uma posição bastante ridícula".[317] Como se vê, o primeiro trabalho jornalístico do jovem Ortega não terminou bem. Talvez por esta primeira tentativa malograda como correspondente jornalístico, "parece claro que o periodismo como ofício informativo, não como tribuna para intervir na vida pública, provocava certa antipatia a Ortega".[318]

A publicação de seu primeiro artigo aconteceu em 1º de dezembro de 1902, na revista *Vida Nueva*, com o título *Glosas*.[319] Nele, faz algumas digressões sobre alguns escritores, como Nietzsche, por exemplo. Interessante notar que, já na introdução do artigo, Ortega deixa entrever aos seus leitores a ironia como estilo literário: "falava ontem com um amigo meu, um desses homens admiráveis que se dedicam seriamente à caça da verdade, que querem respirar certezas metafísicas: um pobre homem".[320]

O primeiro artigo publicado no *El Imparcial*, em 14 de março de 1904, teve como título *O poeta do mistério*, e versou sobre o belga Maurice Polydore

---

316 ORTEGA Y GASSET, J. *Obras Completas*, t. 1, p. 54.
317 *Ibid.*, p. 216.
318 ALFONSO, I. B. *El Periodismo de Ortega y Gasset*. Madri: Biblioteca Nueva, 2005, p. 32.
319 Cf. MOLINUEVO, J. L. *Para Leer a Ortega*. Madri: Alianza, 2002, p. 255.
320 ORTEGA Y GASSET, J. *Obras Completas*, t. 1, p. 13.

Marie Bernard Maeterlinck, dramaturgo, poeta, ensaísta, e principal expoente do teatro simbolista. No artigo, Ortega destaca que "nossos mais profundos sentimentos e desejos, nossas mais admiráveis concepções, ao serem ditas com vocábulos perdem toda sua sinceridade, sua força e sua verdade".[321] No mesmo artigo, recordava que, para Maeterlinck: "a palavra foi dada ao homem para ocultar seus pensamentos".

No início de 1908, juntamente com um grupo de intelectuais e empresários, Ortega funda uma revista semanal intitulada *Faro*, que teve 54 edições, ou seja, durou até 28 de fevereiro de 1909. Ainda que tenha tido vida curta, a revista marcou época pois entre seus colaboradores figuravam os principais "nomes da cultura espanhola e as principais figuras das gerações de 98 e de 14".[322] O título escolhido, *Faro*, "pretendia simbolizar o início de uma nova forma de dar à luz a uma cultura espanhola".[323] Ortega deseja a colaboração de Miguel de Unamuno, encomendando-lhe artigos para os primeiros números, e lhe faz o convite por carta: "querido Unamuno, se publicará uma revista dirigida aos espanhóis e aos sul-americanos sobre um capital de origem perfeitamente independente. Peço-lhe que me envie artigos sobre assuntos sul-americanos".[324]

---
321 *Ibid.*, p. 30.
322 GONZÁLEZ SORIANO, J. M. "Primer Centenario de la Revista 'Faro' (1908-1909): Origen, Trayectoria y Contenidos". *Revista de Estudios Orteguianos*, 19: 180, 2009 (Madri).
323 *Ibid.*, p. 162.
324 ROBLES, L. (Org.). *Epistolário Ortega-Unamuno*. Madri: El Arquero, 1987, p. 70.

Um dos desafios enfrentados por Ortega é a manutenção da independência editorial do semanário diante de seus financiadores, personalidades da elite e do comércio, quase todos "contrários ao pensamento político do jovem Ortega".[325] O espírito da revista acaba por retratar bem o pensamento político de Ortega, que diz a Unamuno: "entendo que a revista seja um ensaio de pedagogia política, e, no meu vocabulário, política é liberalismo e revolução, cultura contra matéria".[326]

A revista não teve fôlego para se manter por muito tempo não só pela falta de leitores e de recursos financeiros, mas, principalmente, pelas polêmicas em suas páginas, grande parte por culpa do próprio Ortega, um fogoso militante de suas próprias ideias. Vários problemas surgiram dos ataques de Ortega ao conservadorismo político de plantão e ao seu representante máximo, Antonio Maura Montaner, presidente do Conselho de Ministros. O que resultou em respostas do filho de Maura, Gabriel Maura, nas páginas da mesma revista, que via em Ortega um liberal. Esse ambiente um tanto quanto conflituoso acabou por dividir os colaboradores da revista, já que parte deles considerava "excessivamente radical o pensamento de Ortega ao falar de liberalismo em termos revolucionários, e do socialismo como

---

325 GONZÁLEZ SORIANO, J. M. "Primer Centenario de la Revista 'Faro' (1908-1909): Origen, Trayectoria y Contenidos". *Revista de Estudios Orteguianos*, 19: 156, 2009 (Madri).
326 ROBLES, L. (Org.). *Epistolário Ortega-Unamuno*. Madri: El Arquero, 1987, p. 73.

novo horizonte espiritual, diante do vazio ideológico que representava a hegemonia conservadora na Espanha".[327] Gabriel Maura, antagonista de Ortega, não desejava que a Espanha seguisse pela trilha de um liberalismo radical.[328]

O liberalismo que animava parte da intelectualidade espanhola era o modelo que, naquele momento, se vivia na Inglaterra, e do qual Ortega tinha notícias por meio de seu amigo Ramiro de Maeztu que, à época morando em Londres, transmitia de lá os acertos do partido liberal, tais como "o estado de bem-estar, a intervenção nas relações industriais e ser parte ativa na reforma social".[329] Porém, a cabeça de Ortega estava mais voltada para a experiência francesa do que a inglesa: "o norte político orteguiano, mais atento a imediata realidade política espanhola, seguia sendo a França",[330] tudo porque a França evoluía para uma socialdemocracia. Mas ambos os países atraíam a atenção da juventude intelectual espanhola.

Para Ortega, do socialismo, valia mais o seu aporte cultural, seus valores intelectuais e morais, do que propriamente os fatores econômicos e sociais.[331] Era um socialismo "não marxista", nacionalista e ao

---

327 GONZÁLEZ SORIANO, J. M. "Primer Centenario de la Revista 'Faro' (1908-1909): Origen, Trayectoria y Contenidos". *Revista de Estudios Orteguianos*, 19: 167, 2009 (Madri).
328 CACHO VIU, V. *Los Intelectuales y la Política*. Madri: Biblioteca Nueva, 2000, p. 90.
329 *Ibid.*, p. 88.
330 *Ibid.*, p. 89.
331 *Ibid.*, p. 91.

mesmo tempo europeu, aristocrático, mas "sem lutas de classes", nem trabalhista, nem sindicalista, "uma proposta ética antes que econômica e política".[332] Ortega não chegou a compartilhar da ortodoxia socialista, e também não compartilhou nem mesmo todas as teses do liberalismo. Em Ortega encontra-se tanto o socialismo quanto o liberalismo, mas nenhum levado ao pé da letra. Além de ter um desdém pelo aspecto econômico do liberalismo, talvez por causa da cultura católica na qual ele cresceu, juntamente a um desconhecimento profundo das próprias teses desse movimento, Ortega preza a defesa do indivíduo e de seus direitos fundamentais, a pluralidade de opiniões e um Estado totalmente laico. Por outro lado, não faz parte de suas preocupações imediatas algo como a defesa da liberdade econômica. Neste ponto, detecta-se em Ortega "um desdém sobre o qual mostra às vezes um desconhecimento surpreendente em um intelectual tão curioso e aberto a todas as disciplinas".[333] Porém, ao que Ortega pensava ser equívocos do liberalismo, ele procurava corrigir "com uma dose ponderada de socialismo".[334]

Para Vargas Llosa, ainda que parcial, o liberalismo orteguiano tem muito o que ensinar ao pensamento liberal contemporâneo. Não bastam receitas

---

332 MOLINUEVO, J. L. *Para Leer a Ortega*. Madri: Alianza, 2002, p. 44.
333 VARGAS LLOSA, M. "Rescate liberal de Ortega y Gasset". In: LASAGA MEDINA, J. (Org.). *El Madrid de Ortega*. Madri: Sociedad Estatal de Conmemoraciones Culturales/Publicaciones de la Residencia de Estudiantes, 2005, p. 126.
334 CACHO VIU, V. *Los Intelectuales y la Política*. Madri: Biblioteca Nueva, 2000, p. 93.

econômicas e mercados livres, privatizações, cortes de gastos; elementos que, sozinhos, mostraram-se pouco eficientes em muitos países. Com Ortega, aprende-se que o liberalismo é, acima de tudo, "uma atitude ante a vida e ante a sociedade, fundada na tolerância e no respeito, no amor pela cultura, e na vontade de coexistência com os outros, defendidos por um sistema legal que garanta a convivência na diversidade".[335]

Com a derrocada da revista *Faro*, Ortega funda em 1915 outra revista, agora intitulada *España*, que "vem à luz em um momento decisivo da história europeia, apenas transcorridos seis meses do início da Primeira Guerra Mundial".[336] É uma revista que "concretiza o papel do intelectual na vida pública",[337] e que Ortega utiliza como veículo para fazer o chamamento aos espanhóis, cumprindo a promessa feita no *Prospecto da Liga de Educação Política Espanhola*, onde se lê que, para o chamamento surtir efeito, é preciso divulgá-lo nos meios da imprensa e assim fazer penetrar nas massas as novas convicções para a renovação da Espanha. O periódico pensado para isso é justamente a revista *España*.

O dinheiro para a fundação da revista vem do industrial Luis García Bilbao, que disponibiliza os

---

335 VARGAS LLOSA, M. "Rescate liberal de Ortega y Gasset". *In:* LASAGA MEDINA, J. (Org.). *El Madrid de Ortega*. Madri: Sociedad Estatal de Conmemoraciones Culturales/Publicaciones de la Residencia de Estudiantes, 2005, p. 140.
336 LINACERO, J. P. C. "La Perspectiva Internacional de España bajo la Dirección de Ortega". *Revista de Estudios Orteguianos*, 8/9: 109, 2004 (Madri).
337 *Id., Ibid.*

fundos após assistir a palestra de Ortega, *Velha e nova política*.[338] Assim, com recursos, Ortega poderá compor uma equipe de peso que contará com nomes como Unamuno, Pío Baroja, d'Ors, García Morente, Maeztu, Pérez de Ayala e muitos outros. As editorias versarão sobre política interior e exterior, sociedade, economia, literatura, arte. Uma das prioridades será refletir o que se fará depois da guerra, ou seja, avaliar a nova ordem cultural e política. Para Ortega, era fundamental saber quais "correntes políticas, sentimentais e ideológicas dominarão na Europa depois da paz".[339] Não obstante toda a publicidade para o seu lançamento e a qualificada equipe de colaboradores, *España* também não logra êxito; Ortega a abandona em 1916 e, oito anos depois, a revista deixa de existir por carência de financiadores.

Ao sair da direção da revista *España*, Ortega inicia um projeto editorial que nomeia como *El Espectador*. Este foi um de seus projetos editoriais mais duráveis, existindo de 1916 a 1934, quase vinte anos, portanto. É direcionado a um público mais qualificado e funciona pelo sistema de assinaturas. Finalmente, Ortega tem um espaço onde pode colocar suas intuições filosóficas com muito mais força, dando passe livre ao seu sistema vitalista: "*El Espectador* designa não apenas um projeto editorial, mas

---
338 GRACIA, J. *José Ortega y Gasset*. Madri: Taurus, 2014, p. 200.
339 LINACERO, J. P. C. "La Perspectiva Internacional de España bajo la Dirección de Ortega". *Revista de Estudios Orteguianos*, 8/9: 117, 2004 (Madri).

uma nova atitude vital".[340] Neste trabalho editorial, Ortega consegue conciliar o intelectual "que opõe e seduz", o ensaísta "que procura salvar as circunstâncias", o filósofo "para quem a vida e a filosofia são textos vitais" e o professor que faz ver a "solidez sistemática de seu pensamento".[341]

Paralelamente ao *El Espectador*, Ortega segue na vocação de fundar periódicos e praticar divulgação filosófica e discussão política. Assim, em 1917, compõe o grupo que funda o diário *El Sol*, sendo seu mentor intelectual. Todo o financiamento do empreendimento virá pelas mãos do grande empreendedor no campo dos papéis, o empresário basco Nicolás María de Urgoiti, que, dentro de si, "tinha o duende do periodismo".[342] Neste periódico, Ortega assume o protagonismo editorial, sendo "autor de tantos e tantos artigos editoriais, sem assinatura e com assinatura".[343] Será um diário mais caro que os outros, principalmente pelo custo dos artigos de seus articulistas. Os resultados dos embates nas arenas de tourada não são o foco da publicação, antes, sua meta prioritária é privilegiar artigos que discutam a nova Espanha.

O *El Sol* experimenta um grande sucesso, com tiragem de 50.000 exemplares. É neste diário que Ortega começa a publicar os artigos que são posteriormente reunidos e transformados na célebre obra

---
340 MOLINUEVO, J. L. *Para Leer a Ortega*. Madri: Alianza, 2002, p. 89.
341 *Ibid.*, p. 88.
342 ORTEGA SPOTTORNO, J. *Los Ortega*. Madri: Taurus, 2002, p. 279.
343 GRACIA, J. *José Ortega y Gasset*. Madri: Taurus, 2014, p. 269.

España Invertebrada, em que aprofunda sua teoria das minorias melhores. O diário, pelo sucesso que alcança, desperta inveja e ressentimento, e o filósofo acusa o golpe: "a maçonaria da tolice não tolera que *El Sol* logre o que eles não tiveram jamais – alguma autoridade".[344] Para Ortega, esse é um traço do homem espanhol, sendo esta uma das características que destaca de modo crítico em *España Invertebrada*. Mais uma vez, Ortega deixa a direção de um periódico que ajudou a fundar, e, de novo, a causa será o conflito entre a opinião livre e o poder de plantão.

Ortega não se dá por vencido e, em 1923, sai o primeiro número da célebre *Revista de Occidente*, "a empresa editorial mais pessoal de Ortega, aquela na qual plasmou sua ansiedade de europeizar a Espanha".[345] O projeto da revista leva um ano para se estruturar, quando também foi formada a equipe de colaboradores e provisionados os recursos financeiros. Fernando Vela é um dos escolhidos por Ortega, pela amizade e também pelo talento como escritor de cultura literária. Ortega convida seu irmão caçula, Manuel, para assumir as tarefas administrativas. A equipe de trabalho se completa com Manuel García Morente, que detém a função de redator. Os financiadores da revista são María de Maeztu, grande amiga de Ortega, o pintor granadino José María Rodríguez Acosta e o rentista Serapio Huici.

---
344 *Ibid.*, p. 286.
345 ORTEGA, S. *José Ortega y Gasset: Imágenes de una Vita (1883-1955)*. Madri: Font Diestre, 1983, p. 44.

A *Revista de Occidente* tem como público-alvo as minorias detentoras de certo arcabouço cultural; intenta colocar os espanhóis por dentro das "novas ideias, os novos descobrimentos científicos, os novos fatos sociais".[346] O mundo pós Primeira Guerra passava por profundas transformações e Ortega estava ali para fazer sua própria narrativa dos fatos, tomar o pulso da época, formar e orientar a opinião pública.

A equipe editorial faz um esforço publicitário para alavancar as assinaturas, e indicar em cada região um padrinho para a publicação, encarregado de divulgá-la. Ao menos de início, a revista tornou-se um sucesso editorial "com anúncios vendidos a preços exorbitantes".[347] E chegou até mesmo à América do Sul, por meio do jornal argentino *La Nación*, que adquire a metade dos três mil exemplares mensais. A *Revista de Occidente* esteve 14 anos sob a direção de Ortega, mais precisamente de julho de 1923 a julho de 1936. Depois de um hiato sem ser publicada, José Spottorno, filho de Ortega, narra a sua retomada: "quarenta anos depois da fundação da *Revista de Occidente*, pudemos, em abril de 1963, iniciar sua segunda época aproveitando a pequena abertura da censura franquista com a Lei de Imprensa".[348] Ainda hoje, a *Revista de Occidente* é publicada sob a responsabilidade da *Fundación Ortega y Gasset*, em Madri.

---

346 ORTEGA SPOTTORNO, J. *Los Ortega*. Madri: Taurus, 2002, p. 315.
347 GRACIA, J. *José Ortega y Gasset*. Madri: Taurus, 2014, p. 371.
348 ORTEGA SPOTTORNO, J. *Los Ortega*. Madri: Taurus, 2002, p. 314.

Muitos dos livros de Ortega saíam primeiro nos periódicos da época em forma de artigos filosóficos, depois, Ortega os reunia em um único volume e publicava como livro. Assim foi o procedimento com o livro *España Invertebrada*, antecedido por artigos no diário *El Sol*, e também foi esse o caso do clássico orteguiano *A Rebelião das Massas*. Ortega não quer ser um filósofo de gabinete, mas um filósofo presente nas lides do povo e, para isso, nada melhor que a presença frequente nos jornais e revistas da época. Ortega, ao escrever filosofia por meio de periódicos, pretende chegar ao maior número possível de leitores, atingir as massas, e assim, formá-las, lançando mão de palestras e conferências. Ademais, era um tempo em que, na Espanha, a única filosofia relevante é a que se escreve em jornais e revistas. E Ortega, Unamuno, d'Ors, e muitos outros exercem esse ofício com maestria.

Porém, o fato de Ortega publicar seus textos sobretudo em periódicos, lhe rende a pecha de filósofo superficial e até mesmo a acusação de ser um filósofo que carece de sistema filosófico: "as necessidades estilísticas impostas pelo periódico, e que consistem na beleza, na simplicidade, na clareza, na comunicação efetiva entre o escritor e o leitor, provocam deslizes e ausências sistemáticas que são duramente criticadas pelos detratores da filosofia de periódico".[349] A filosofia publicada nos periódicos não satisfaz aos "filósofos puros", que a reputam

---

349 *Ibid.*, p.108.

vulgar, distante da erudição e apuro intelectual dos verdadeiros filósofos.

Ortega está ciente que não pode fazer diferente pois esta é a sua circunstância: ser um filósofo da praça. Mas emenda que, ainda assim, tem alcançado êxito pois seus artigos dirigidos à praça, uma vez reunidos, tornaram-se obras importantes até mesmo fora da Espanha.

Muitos catedráticos realizavam a escrita em periódicos e revistas com o intuito de complementar seu orçamento familiar, como Unamuno, que "acudia cada mês ao periódico para cobrar por seus artigos e poder pagar os estudos de seu filho em Madri".[350] Com efeito, em carta ao amigo Ortega, Unamuno lhe agradece a grande generosidade em pagar bem por seus artigos na revista *Faro*: "tenho que dizer que fiquei muito satisfeito de como se comportou comigo na *Faro*, foi o que mais me pagou por um escrito na Espanha".[351]

O fato de Ortega esforçar-se para dialogar diretamente com as pessoas por meio de seus artigos filosóficos nos periódicos, além de popularizar sua filosofia, fez com que ela se mantivesse sempre sujeita ao saudável crivo da crítica, e assim não se tornasse uma filosofia autorreferencial, teorética demais, o que poderia acontecer com os chamados filósofos de gabinete, quando a "falta de um ambiente social onde deitar

---
350 ALFONSO, I. B. *El Periodismo de Ortega y Gasset*. Madri: Biblioteca Nueva, 2005, p. 123.
351 ROBLES, L. (Org.). *Epistolário Ortega-Unamuno*. Madri: El Arquero, 1987, p. 83.

raízes, acaba por asfixiar-se em seu solipsismo".[352] Ao escrever o ensaio intitulado *Prólogo para Alemães*, por ocasião de uma reedição de *A Rebelião das Massas*, em língua alemã, o próprio Ortega afirma que "o primeiro que necessito dizer de meus livros é que propriamente não são livros. Em sua maior parte, são meus escritos publicados nos periódicos de maior circulação na Espanha".[353] Ortega fez dos jornais, revistas, livros e variadas publicações, meios para que a sua filosofia não ficasse prisioneira dos gabinetes e especializados na matéria, mas que chegasse ao maior número de pessoas. Para ele era esse o papel do intelectual. Em um balanço positivo dessa sua atuação, escreve: "o artigo de periódico é hoje uma forma imprescindível do espírito, e quem pedantemente o desdenha não tem a mais remota ideia do que está acontecendo no seio da história".[354]

---

352 ALFONSO, I. B. *El Periodismo de Ortega y Gasset*. Madri: Biblioteca Nueva, 2005, p. 109.
353 ORTEGA Y GASSET, J. *Obras Completas*, t. 8, p. 20.
354 *Id. Obras Completas*, t. 6, p. 354.

II.
Ortega e sua metafísica

1. Do idealismo ao raciovitalismo

Para compreender a metafísica raciovitalista de Ortega y Gasset, é necessário estar ciente do seu germanismo, da profunda admiração que nutre pela cultura alemã e do desânimo com o qual olha para a cultura mediterrânea, na qual a Espanha está incluída. O jovem Ortega encontra-se muito entusiasmado com as universidades alemãs onde se matricula para cursar filosofia em 1905, retornando depois mais duas vezes em 1907 e 1911.

Depois de um profundo mergulho na filosofia idealista por meio da leitura da obra de Kant e de lições com os neokantistas Cohen e Natorp, na tentativa de buscar saídas para aquilo que compreende como atraso da sociedade espanhola, Ortega chega à conclusão de que o idealismo está ultrapassado e urge inaugurar uma nova forma de se fazer filosofia, que será justamente o raciovitalismo, uma filosofia da vida. Há quem diga que Ortega transita da "razão pura a uma forma impura (vital e histórica) da razão".[1] A razão pura é a kantiana e a impura, é a inaugurada por Ortega, ou seja, a vida tomada em sua realidade mais crua e, nas palavras do próprio Ortega, dramática.

---
1 CONILL SANCHO, J. "Razón Experiencial y Ética Metafísica en Ortega y Gasset". *Revista de Estudios Orteguianos*, 7: 97, 2003 (Madri).

Convicto de que toda a herança mediterrânea deve ser desprezada, Ortega, ao propor o idealismo, o faz porque entende que entre o dogma e a verdade, o espanhol fica com o primeiro, pois tem uma extrema dificuldade em abrir o "peito para as exigências da veracidade".[2] Toda a cultura latina representada pelos franceses, italianos e espanhóis é uma lástima. Roma, que sempre pensou ter herdado a sabedoria grega, a bem da verdade nada herdou. Mesmo o tão propalado direito romano é de matriz grega. A rigor, deve-se falar de cultura mediterrânea ao invés de latina, pois Roma e Cartago sempre estiveram historicamente próximas, o que fazia de todos eles africanos: "nada tem de estranho, pois, se aparecem semelhanças entre as instituições dos povos norte-africanos e os europeus do sul".[3] Menos mal que tenha havido uma influência germânica, ainda que sutil, nas nações mediterrâneas: "Europa começa quando os germânicos entram plenamente no organismo unitário do mundo histórico. Germanizadas Itália, França e Espanha, a cultura mediterrânea deixa de ser uma realidade pura e fica reduzida a um germanismo mais ou menos".[4] Do pensamento mediterrâneo, apenas o renascentismo italiano e Descartes fazem frente ao germanismo. Porém, onde Leibniz, Kant ou Hegel primam pela clareza, os representantes do latinismo, tais como Giordano Bruno e Descartes, primam pela

---

2 ORTEGA Y GASSET, J. *Obras Completas*, t. 1, p. 750.
3 *Ibid.*, p. 774.
4 *Id., Ibid.*

confusão conceitual. Seria próprio dos latinos certo desdém pelo rigor intelectual que se traduz no pensar. E para ilustrar seu argumento, Ortega narra o que disse a Goethe um capitão italiano:

> Quando Goethe aportou na Itália fez algumas etapas da viagem em companhia de um capitão italiano. Este capitão – disse Goethe – é um verdadeiro representante de muitos compatriotas seus. Eis aqui um exemplo que o caracteriza muito peculiarmente. Como eu frequentemente permanecia silencioso e meditabundo, me disse, certa vez: "que pensa?! Não deve jamais pensar o homem, pensando se envelhece! Não deve fixar-se o homem em apenas uma coisa somente, porque senão torna-se louco: é preciso ter mil coisas, uma confusão na cabeça".[5]

A potência e o rigor do pensamento alemão entusiasmavam e impeliam Ortega a buscar ali seu alimento intelectual. O homem mediterrâneo, com mil coisas na cabeça, deveria aprender a pensar caso desejasse entrar na modernidade, pois "a decadência espanhola nasce da ausência de ciência e da privação da teoria".[6] Imbuído de um espírito pró-germânico, bastante influenciado pelas teses idealistas, mas, ao mesmo tempo, tentando forjar uma filosofia autóctone, Ortega publica, no verão de 1914, sua primeira obra de fôlego, *Meditações do Quixote*. Nela, desenvolve alguns conceitos metafísicos

---
5 *Ibid.*, p. 778.
6 GRACIA, J. *José Ortega y Gasset*. Madri: Taurus, 2014, p. 139.

fundamentais que o acompanharão por toda sua trajetória filosófica. Ali, também está contida uma de suas intuições filosóficas mais célebres: "eu sou eu e minha circunstância, e, não a salvando, não me salvo também",[7] que significa o descobrimento da razão vital e compõe o conceito metafísico de vida como realidade concreta, espontânea, radical, em certa oposição ao idealismo abstrato, genérico, esquemático. Assim, Ortega dá os primeiros passos na tentativa de compor uma filosofia original. Seu incipiente raciovitalismo afirma que a vida humana deve ser assumida com radicalidade, pois vem em primeiro lugar. Mas como o racional e o sensível são polos da mesma vida, é necessário falar de uma *razão vital*.[8]

Ortega sente que é o momento de propor sua própria filosofia. E narra como isso aconteceu em seu escrito publicado em 1929, *Reflexões do centenário*, que teve como pano de fundo o segundo centenário do nascimento de Kant: "durante dez anos vivi dentro do pensamento kantiano: respirei-o como uma atmosfera, sendo ao mesmo tempo minha casa e minha prisão".[9] Ortega descreve a Unamuno uma divertida metáfora sobre as ideias que "ascendem como um peixe a tomar ar, e as vejo; porém como não vejo o resto de sua família [de ideias], não me

---

7 ORTEGA Y GASSET, J. *Obras Completas*, t. 1, p. 757.
8 FERNÁNDEZ ZAMORA, J. A. "La Crítica de Ortega y Gasset a la Fenomenología. Las Influencias de Husserl y Natorp en la Elaboración de las 'Meditaciones del Quijote'." *Revista de Estudios Orteguianos*, 28: 130, 2014 (Madri).
9 ORTEGA Y GASSET, J. *Obras Completas*, t. 4, p. 255.

serve de nada".[10] Com a publicação de seu primeiro livro, algumas dessas ideias se materializam como os primeiros passos que Ortega trilha na tentativa de construir um forte conceito de vida humana. É chegado o momento em que o filósofo não pode mais "ignorar a centralidade da vida humana".[11] A filosofia autêntica é a que se preocupa com o contexto em que surgem as perguntas fundamentais, pois nesta "primeira aparição dentro da vida humana" está "o coração da filosofia".[12]

Para Lior Rabi, estudioso da obra orteguiana, a metafísica do filósofo madrilenho, em seus primeiros anos, era de cunho idealista, mas, tão logo Ortega muda de posição, "seu pensamento maduro se centra em uma concepção metafísica da vida humana que declara que a vida é uma realidade absoluta".[13] Porém, essa reação de Ortega acontece em um segundo momento, pois, recém-chegado da Alemanha, o madrilenho faz profissão de fé no idealismo e postula que a realidade sensível, a vida carregada de contingências e instabilidades não pode suportar um discurso rigoroso sobre a verdade. Ortega trazia consigo a convicção de que a mais potente estrutura filosófica urdida pelos alemães "por si só bastaria para justificar e consagrar ante o Universo a existência do

---

10 ROBLES, L. (Org.). *Epistolário Ortega-Unamuno*. Madri: El Arquero, 1987, p. 30.
11 RABI, L. "Georg Simmel, Ortega y Gasset y el Retorno a la Metafísica Tradicional Rumbo a una Filosofía de la Vida". *Revista de Estudios Orteguianos*, 23: 91, 2011.
12 *Id., Ibid.*
13 *Ibid.*, p. 84.

continente europeu".[14] Sob a denominação de *idealismo*, essa grandiosa construção acabou por definir toda a filosofia moderna.

A filosofia idealista descobriu a radical autonomia do pensamento, em franco confronto com a realidade sensível. Enquanto essa é contingente e carece de sentido, o pensamento não, pois é completamente autônomo, é ser para si: "nenhuma outra coisa do Universo consiste fundamentalmente em ser para si, em um dar-se conta de si mesmo".[15] Quando Ortega se refere ao mundo sensível, afirmando que "o sensível, por ser inconstante é relativo, e somente permite um conhecimento instável e impreciso",[16] parece dizer que o mundo sensível é o lugar do engano e do equívoco. Assim, considera que somente as ideias, que não mudam, "podem ser objeto de um conhecimento estável e rigoroso".[17] A proposta idealista acerta ao colocar como centro de sua investigação, não o mundo sensível, mas a ideia. Para Ortega, a filosofia idealista eleva o nível da filosofia e não se pode voltar atrás "sob pena de retroceder, no pior sentido da palavra".[18]

É possível entender o grande empenho do jovem Ortega em buscar uma nova forma de pensar. O filósofo debitava o atraso espanhol da conta da carência científica de sua pátria, parte por culpa da Igreja,

---

14 ORTEGA Y GASSET, J. *Obras Completas*, t. 4, p. 258.
15 *Id. Obras Completas*, t. 8, p. 315.
16 *Id. Obras Completas*, t. 4, p. 258.
17 *Id., Ibid.*
18 *Id. Obras Completas*, t. 8, p. 330.

parte por culpa da própria índole do espanhol, um povo atado ao "mediterranismo" e à vida sensual; e tentará fazer com que a Espanha abandone o seu passado campesino e empunhe as ferramentas necessárias para a concretização de seu ingresso na modernidade. A nova forma de pensar estava em Kant pois as três *Críticas* de sua autoria são o que de melhor surgiu na filosofia moderna, "livros de grande influência, nos quais temos sido espiritualmente edificados".[19] Ele é todo elogios ao filósofo de *Königsberg*: "graças ao gênio de Kant, se vê funcionar, em sua filosofia, a vasta vida ocidental dos quatro últimos séculos, simplificada em aparato de relojoaria".[20]

As soluções que Ortega vê na proposta idealista não são vistas na filosofia de cunho realista, simplesmente porque a realidade, tal como é, é problemática: "a existência das coisas isoladas e independentes de quem as pensa e vê é problemática, é hipotética".[21] Não à toa, no entender de Ortega, Kant passa por cima da realidade, despreocupando-se com o universo e, "com audaz radicalismo, desaloja da metafísica todos os problemas da realidade, retendo exclusivamente o problema do conhecimento".[22] Dessa forma, abre mão de colocar o foco na realidade, assim como a realidade se apresenta, e passa então a controlá-la, e isso "representa o esforço humano por considerar o mundo como deve ser e

---

19   *Id. Obras Completas*, t. 4, p. 260.
20   *Ibid.*, p. 255.
21   *Id. Obras Completas*, t. 8, p. 652.
22   *Id. Obras Completas*, t. 4, p. 257.

não como é".²³ Tal filosofia só poderia ter nascido na Alemanha, pois, para Ortega, o homem alemão "vive recluso dentro de si mesmo, e este "si mesmo" é a única realidade verdadeira".²⁴

O idealismo supera a realidade e a reconstrói porque "a filosofia kantiana tem a intenção de demonstrar como é que a consciência humana constrói a realidade como a conhecemos".²⁵ O que está em jogo não é saber se o homem pode conhecer a realidade assim como ela é, mas saber como a realidade se apresenta para o homem. Ortega vê em Kant uma *razão construtiva* calcada na substituição da filosofia do ser pela filosofia do dever ser, "conhecer não é copiar, mas sim, decretar".²⁶ A pergunta principal para Kant não é como o pensamento pode ajustar-se à realidade, mas "como deve ser o real para que seja possível o conhecimento".²⁷ Com essa pergunta, Kant termina por inaugurar algo novo no cenário europeu. Quem agora determina as regras do jogo é a vontade pessoal e a autonomia do homem, "a vida, que era classicamente uma acomodação do sujeito ao universo, se converte em reforma do universo".²⁸ Assim, "existir significa esforçar-se. Faz parte da pura

---

23 RABI, L. "Georg Simmel, Ortega y Gasset y el Retorno a la Metafísica Tradicional Rumbo a una Filosofía de la Vida". *Revista de Estudios Orteguianos*, 23: 90, 2011 (Madri).
24 ORTEGA Y GASSET, J. *Obras Completas*, t. 4, p. 264.
25 RABI, L. "Georg Simmel, Ortega y Gasset y el Retorno a la Metafísica Tradicional Rumbo a una Filosofía de la Vida". *Revista de Estudios Orteguianos*, 23: 90, 2011 (Madri).
26 ORTEGA Y GASSET, J. *Obras Completas*, t. 4, p. 274.
27 *Id., Ibid.*
28 *Id., Ibid.*

inspiração germânica um princípio ativista, dinâmico, voluntarista".[29] Percebe-se agora por que Ortega via no idealismo uma proposta eficaz para a modorra espanhola. É possível reconstruir a Espanha porque com o idealismo é possível "criar um mundo segundo nossas ideias e pensamentos". Não se deve se conformar com as coisas, pois elas não representam a realidade. É preciso fazer o caminho inverso, isto é, fazer com que as coisas se adaptem as nossas ideias, pois são elas a autêntica realidade. Para Ortega, esta constatação é tão impactante que ele vê no idealismo um espírito anticonformista e revolucionário: "o idealismo é por essência revolucionarismo".[30]

Pela total inovação do pensamento de Kant, sob a ótica de Ortega, faltou na história da filosofia uma obra que pudesse expor as sutilezas desse sistema, e assim torná-lo ainda mais claro: "que eu saiba esse livro não existe".[31] Pelo contrário, alguns autores operam para que os escritos de Kant se tornem ainda mais herméticos, "nos grandes livros de Cohen e Riehl abundam interpretações forçadas ou arbitrárias, livros completamente incompreensíveis".[32]

Ortega não permanecerá encerrado nas teses idealistas para sempre. Era preciso fugir do que considerava ser uma "prisão kantiana e seu influxo atmosférico".[33] E foge dessa prisão com grande

---

29 *Ibid.*, p. 275.
30 *Id. Obras Completas*, t. 8, p. 644.
31 *Id. Obras Completas*, t. 4, p. 278.
32 *Ibid.*, p. 279.
33 *Id. Obras Completas*, t. 4, p. 255.

alívio e recobrando sua liberdade de pensamento, porque Kant "com um gesto de polícia deteve a circulação filosófica".[34] Não obstante sua admiração pela construção do edifício do idealismo kantiano, Ortega não hesita em apontar onde Kant se equivocou. Kant errou ao colocar o problema do conhecimento acima do problema do ser, da realidade: "antes de conhecer o ser não é possível conhecer o conhecimento, porque este implica já uma certa ideia do real".[35]

Ortega busca imbuir-se de apontar saídas para a superação do idealismo kantiano e abrir espaços para novas soluções que respondam com mais eficácia as aporias que a realidade sensível apresenta; assim, é necessário ir "além do idealismo", não desprezá-lo, por certo, mas deixá-lo para trás assim como se deixa parte do caminho já feito, ou "como uma cidade em que temos já vivido e que levamos para sempre pousada na alma".[36] É preciso reconhecer que o idealismo, "com audácia e constância gigantes", cumpriu o seu papel por um longo tempo: "durante quatro séculos o homem branco do Ocidente explorou o mundo desde o ponto de vista idealista, ensaiando todas as possibilidades nele inclusas".[37] O idealismo cai em declínio quando a filosofia de Kant e de seus discípulos não responde mais aos anseios dos novos tempos. Ao sepultar o idealismo, Ortega deixa um

---

34 *Id. Obras Completas*, t. 8, p. 254.
35 *Ibid.*, p. 261.
36 *Ibid.*, p. 331.
37 *Id. Obras Completas*, t. 4, p. 267.

elogio em sua lápide: "sem essa magnífica experiência de erro, uma nova filosofia seria impossível".[38]

E Ortega começa a elencar as razões pelas quais o idealismo deve ser superado. O que antes para ele era qualidade e engenho, agora passa a ser defeito, ao apontar que no idealismo, "os objetos somente têm realidade enquanto idealizados pelo sujeito".[39] Esse tipo de filosofia não passa de um subjetivismo teórico e subjetivismo prático,[40] sendo, assim, um idealismo enfermo de subjetivismo.[41] O idealismo quis ser a última resposta acerca da realidade ontológica, afirmando que "ser é pensar".[42] E isto não passa de um "*ensimesmamento* do ser".[43] Em Kant, completa Ortega, "os entes cognoscíveis não são em si senão aquilo que neles colocamos" com o pensamento.[44] Daí "a tradicional fórmula idealista: ser é pensar".[45] Em Kant, "sem sujeito não há ser".[46] O ser é um ato do sujeito, depende dele. O ser não é em si e, por isso, "é preciso que frente às *coisas* se situe um sujeito dotado de pensamento, um sujeito teorizante para que [as coisas] adquiram a possibilidade de *ser* ou não *ser*".[47] Assim, Ortega pode concluir que em Kant "o ser não é em-si, mas sim a relação a um

---
38 *Id., Ibid.*
39 *Ibid.*, p. 268.
40 *Id., Ibid.*
41 *Ibid.*, p. 280.
42 *Ibid.*, p. 282.
43 *Id., Ibid.*
44 *Id., Ibid.*
45 *Id., Ibid.*
46 *Ibid.*, p. 283.
47 *Id., Ibid.*

sujeito teorizante; é um para-outro e, antes de tudo, um para-mim".[48] Por isso, é impossível discorrer sobre o ser sem se dar conta do sujeito que pretende conhecê-lo. Mas a função do sujeito é ainda maior, já que ele "intervém na constituição do ser das *coisas*, uma vez que as *coisas* são ou não são em função dele".[49]

Ortega prossegue sua crítica ao idealismo afirmando que o fato de Kant ter preferido resumir toda a realidade à "secreta tradição de sua raça",[50] ou seja, "fazer da reflexividade substrato do universo",[51] não significa que não existam outras realidades que sirvam também de explicação última da realidade, como a do sensível, por exemplo. Mas Kant despreza a todas e apenas dirige seu olhar para "a consciência de reflexão".[52] Parece que Kant sofre de ontofobia, diz Ortega, pois "quando a realidade radiante lhe cerca, sente a necessidade de abrigo e couraça para defender-se dela".[53]

Ortega tenta mapear uma filosofia que mostre um caminho diferente daquele do idealismo e do positivismo, já defasados, e intitula de *razão vital* a filosofia que pretende fazer. O idealismo, na medida em que se divorcia do mundo, se configura num "erro descomunal e multisecular", enquanto a razão vital permitiria a "interseção entre objeto e sujeito, entre

---
48 *Ibid.*, p. 284.
49 *Id., Ibid.*
50 *Ibid.*, p. 268.
51 *Id., Ibid.*
52 *Id., Ibid.*
53 *Ibid.*, p. 271.

eu e mundo como condição da existência".⁵⁴ Com sua filosofia, o filósofo madrilenho pretende dar uma resposta "ao fracasso da modernidade e à crise vital que a acompanha".⁵⁵ Neste sentido, "a sensibilidade moderna encontrou em Ortega um legitimador seguro, um defensor jovial e feliz, leal à contingência mutável da vida e hostil à sacralidade de qualquer saber herdado, sem *departamentos proibidos*".⁵⁶

Ortega passa então a propor ao homem do seu tempo a compreensão da realidade, lançando mão daquilo que é o mais real, isto é, "as coisas que estão aí em si e por si, postas por elas mesmas, sustentando-se a si mesmas na existência".⁵⁷ Esta é a única forma autêntica de ser; a própria realidade humana nada mais é que uma coisa entre as coisas, como a pedra, como a planta. Em Ortega, não se compreende a realidade munindo-se de abstrações idealistas, antes, é preciso contar com a ação do homem: "todo ato intelectual se apoia e é consequência de um ato vital, de um ato executivo prévio".⁵⁸

Será nesse tom que Ortega abrirá seu curso de metafísica, em 1932, livre da prisão kantiana, e elaborando animadamente a sua filosofia da razão vital, a qual mais tarde dará o nome de *raciovitalismo*, ou uma *filosofia da vida do homem*. O homem traz em

---

54 *Ibid.*, p. 412.
55 CONILL SANCHO, J. "Razón Experiencial y Ética Metafísica en Ortega y Gasset". *Revista de Estudios Orteguianos*, 7: 102, 2003 (Madri).
56 GRACIA, J. *José Ortega y Gasset*. Madri: Taurus, 2014, p. 234.
57 ORTEGA Y GASSET, J. *Obras Completas*, t. 8, p. 642.
58 ALONSO FERNANDEZ, M. "El Problema de la Futurición en Ortega y Marías". *Revista de Estudios Orteguianos*, 29: 162, 2014 (Madri).

sua essência uma radical desorientação,[59] portanto, o fazer metafísico nada mais é que a tentativa do homem de buscar uma via de saída para esta situação.

Sentindo-se à vontade ao propor a filosofia da vida como substituta natural do idealismo, faz com que esta intuição filosófica se torne sua marca indelével. Sem titubeios, ele diz ser esse o tema do seu tempo, e que ele, Ortega, sendo o primeiro a perceber esta realidade, é o único que pode operá-lo: "a superação do idealismo é a grande tarefa intelectual, a alta missão histórica de nossa época, o tema do nosso tempo".[60]

2. O raciovitalismo como o tema do nosso tempo

Ao propor a filosofia raciovitalista, Ortega sabe que, assim como o idealismo falhou ao propor uma leitura da realidade, falhou também o realismo, como antítese do primeiro. Imprescindível, antes de qualquer coisa, tentar aprofundar esses dois aspectos da filosofia. Ele tentará aprofundar os conceitos de idealismo e realismo valendo-se da arte grega, que primava por atingir a substância, indo além das aparências, mas que acabou sendo subjugada pela arte romana que se caracteriza por perseguir apenas uma reles imitação ilusionista.[61] Esta, "exerce de tal

---
59 ORTEGA Y GASSET, J. *Obras Completas*, t. 8, p. 565.
60 *Ibid.*, p. 334.
61 *Ibid.*, p. 778.

modo uma espiritual pressão sobre os artistas da Grécia chegados a Roma, que nas próprias mãos desses se desvia o cinzel, e no lugar do ideal latente, vai se fixar sobre o bloco de mármore o concreto, o aparente, o individual".[62] Para Ortega, esta é a origem do realismo, que logo depois é nomeado como *impressionismo*.

Enquanto que, para o grego: "o que vemos está governado e corrigido pelo que pensamos e tem valor somente quando ascende ao símbolo do ideal",[63] para o mediterrâneo, o movimento é inverso; o sensível se mostra autônomo em relação à ideia: "o Mediterrâneo é uma ardente e perpétua justificação da sensualidade, da aparência, das superfícies, das impressões fugazes que deixam as coisas sobre nossos nervos comovidos".[64] O homem mediterrâneo não pensa de forma clara; vê com clareza, mas levando-se em conta as contradições da realidade, pensar com clareza é superior a ver com clareza. Se, em Goethe, tudo está distante e não imediato, em Cervantes, pelo contrário, encontra-se um desfile de imagens. Para o homem mediterrâneo, a presença de uma coisa é mais importante que a sua essência, ele prefere "a sensação viva das coisas".[65]

Ortega não vê uma possível síntese entre a impressão, própria do realismo, e o pensamento, próprio do idealismo, como solução. Ele pretende ir além da

---
62 *Id., Ibid.*
63 *Ibid.*, p. 779.
64 *Id. Obras Completas*, t. 1, p. 779.
65 *Id., Ibid.*

síntese, ainda que não se trate de "renunciar à razão, como fazem os relativismos, nem à vida, como ocorre com o racionalismo".[66] E, quando propõe a vida, entendida como realidade radical, à frente do excessivo espaço ocupado pela racionalidade, esboça um projeto em que a razão vital recupera o lugar usurpado pela razão pura. Seu intento é mostrar uma nova sensibilidade: "a razão pura deve ser substituída por uma razão vital, onde aquela se localize e adquira mobilidade e força de transformação".[67] Ortega não pretende menosprezar a razão, pois, a seu ver, isso representaria um regresso – e, ademais, a herança dos gregos veio para ficar. Entretanto, é necessário colocar a razão em seu verdadeiro lugar, ancorada na vitalidade, considerando-a apenas como uma das dimensões da vida: "a razão é somente uma forma e função da vida. Situada à frente da vida e contra ela, representa uma subversão da parte contra o todo. Urge reduzi-la a seu posto e ofício".[68]

O propósito de Ortega é inaugurar uma nova filosofia, uma nova ontologia, uma nova ideia de ser, e para tanto, destaca a vida e a circunstância como elementos essenciais para a compreensão da realidade em sua totalidade: "para os antigos, realidade, ser, significava 'coisa'; para os modernos, ser significava 'intimidade, subjetividade'; para nós, ser significa 'viver', portanto, intimidade consigo e com as

---
66 MOLINUEVO, J. L. *Para Leer a Ortega*. Madri: Alianza, 2002, p. 119.
67 ORTEGA Y GASSET, J. *Obras Completas*, t. 3, p. 614.
68 *Ibid.*, p. 593.

coisas".[69] Ele considera essa nova maneira de filosofar um progresso digno de sua geração, pelo fato de ter descoberto o tema fundamental do próprio tempo: "superamos o subjetivismo de três séculos".[70]

Ortega sente que o seu projeto de superação do idealismo e do realismo, há muito acalentado, vem à luz. De resto, esta reviravolta há muito já estava em seu espírito, quando, aos 22 anos, não obstante estivesse imerso no idealismo alemão, proclamava em alto e bom som o seu programa filosófico: "vamos nos salvar no mundo – vamos nos salvar nas coisas".[71] O madrilenho se preparava de forma árdua para trazer à luz seu original contributo à tradição filosófica: "a filosofia da vida foi pouco a pouco instalando-se em Ortega, mediante meditações metódicas, enriquecidas pelo caudal imenso do saber, que uma inextinguível necessidade intelectual o incitava de continuo a adquirir".[72] A novidade colocada em cena por Ortega representa a superação da tese realista, pois, "a existência das coisas como existência independente de mim é problemática",[73] e, também, superação da tese idealista, pois, para o idealismo, "existe somente o pensamento, sujeito, eu. E isto é falso".[74] Ortega se coloca como aquele

---
69 Id. Obras Completas, t. 8, p. 347.
70 Ibid., p. 350.
71 Ibid., p. 351.
72 GARCÍA MORENTE, M. Carta a un Amico su Evolución Filosófica. Ortega y su Tiempo. Madri: Ministerio de Cultura/Palacio de Velázquez del Retiro, mai.-jul. 1983, p. 20.
73 ORTEGA Y GASSET, J. Obras Completas, t. 8, p. 348.
74 Ibid., p. 349.

que conseguiu fazer as superações que, ao decorrer da história, teimavam em dividir toda a história da filosofia. A superação tem nome e se chama *raciovitalismo*. Primeiro, a vida, tudo o mais vem em segundo lugar, inclusive a razão. A vida não pode ser colocada a serviço da cultura. É um equívoco histórico e um grande absurdo. Portanto, é preciso inverter a relação: "a cultura, a razão, a arte, a ética que devem servir à vida".[75]

O raciovitalismo busca eliminar a dissociação entre o realismo da vida e o racionalismo da cultura. Considera a vida sujeita a instabilidades e aberta a toda mudança histórica, mas buscando sua compreensão na razão. Na decomposição da palavra, a sua primeira parte – *racio* –, remete diretamente à razão, cabendo-lhe ser um "instrumento de análise – função que lhe é irrenunciável".[76] A outra parte – *vitalismo* – busca considerar a vida como realidade radical que significa "meu próprio viver, minha vida, uma realidade que, mesmo próxima a nós e transparente, nunca acertamos em ver, e que, quando saímos em sua busca, sempre deixamos para trás".[77] Aqui é delineada uma nova metafísica de perfil, decididamente orteguiana: "a realidade radical não são as coisas, não é o eu; é nossa vida. Melhor ainda, *minha vida*".[78]

---
75 *Id. Obras Completas*, t. 3, p. 593.
76 RODRÍGUEZ HUÉSCAR, A. *La Innovación Metafisica de Ortega in Ortega y su Tiempo*. Madri: Exposición organizada por el Ministerio de Cultura – Palacio de Velázquez del Retiro, mai.-jul. 1983, p. 54.
77 *Id., Ibid*.
78 MARIAS, J. "La Metafisica de Ortega". *Revista de Estudios Orteguianos*, 12/13: 219, 2006 (Madri).

O foco de Ortega é a vida e, por isso, abandona Kant, pois, em seu entendimento, o alemão acerta na ciência, mas se equivoca na existência.[79] Para ele, quem busca o ser e está aberto a ele é a vida humana: "o ser somente tem sentido se há alguém que o busca. Este alguém é a vida humana, o homem como razão vital".[80] Aqui se constata a primazia do metafísico diante do gnosiológico, a "perspectiva intelectual" só encontra o seu sentido "dentro de outra perspectiva mais ampla e fundamental, que é a perspectiva vital".[81] Entende-se agora porque Ortega faz uma metafísica da vida humana que se fundamenta na vida como realidade radical, e assim se distancia do realismo e do idealismo, se localizando para além dessas duas dimensões: o ser real é a vida".[82] O pensamento não pode ficar refém das regras rígidas da filosofia idealista, mas deve "enfrentar-se à interpretação comprometida, conflitiva e libérrima, viscosa e complexa da realidade e seus múltiplos ângulos".[83] O pensamento compõe o espetáculo da vida junto com outros atores também coadjuvantes: "meu pensamento é uma função parcial da 'minha vida' que não pode desintegrar-se do resto".[84] Assim,

---

79 ORTEGA Y GASSET, J. *Obras Completas*, t. 4, p. 271.
80 *Ibid.*, p. 285.
81 RODRÍGUEZ HUÉSCAR, A. *La Innovación Metafísica de Ortega in Ortega y su Tiempo*. Madri: Exposición organizada por el Ministerio de Cultura – Palacio de Velázquez del Retiro, mai.-jul. 1983, p. 58.
82 MARIAS, J. "La Metafísica de Ortega". *Revista de Estudios Orteguianos*, 12/13: 219, 2006 (Madri).
83 GRACIA, J. *José Ortega y Gasset*. Madri: Taurus, 2014, p. 234.
84 ORTEGA Y GASSET, J. *Obras Completas*, t. 4, p. 285.

primeiro viver, depois filosofar, poderia ser o mote da metafísica orteguiana,[85] já que ele não hesita em disparar o seu célebre *cogito quia vivo* em contraposição ao *cogito ergo sum* do filósofo francês René Descartes: "*cogito quia vivo*, porque algo em torno me oprime e me preocupa, porque ao existir eu não existo somente eu, senão que eu sou uma coisa que se preocupa das demais, queira ou não".[86] Aqui, de novo, Ortega assume uma posição anti-idealista, ao afirmar: "eu não sou elas [as coisas], elas não são eu", e antirrealista: "porém nem eu sou sem elas, sem mundo, nem elas são sem mim".[87]

O raciovitalismo orteguiano pretende a universalidade, característica própria da metafísica, afirmando que "a filosofia da vida não se centra em algum rasgo específico da realidade, antes, se compromete a entender a realidade inteira".[88] Portanto, o conceito de vida humana é o mais radical e original, pois não está condicionada a nenhuma outra realidade: "dada sua prioridade sobre qualquer outra realidade, a vida humana pode iluminar todos os distintos aspectos da realidade".[89]

A vida, enquanto conceito, possui tal extensão que, mesmo para se falar de Deus, máxima realidade para o crente, é preciso supor a existência humana:

---
85 *Id. Obras Completas*, t. 8, p. 502.
86 *Id., Ibid.*
87 *Id., Ibid.*
88 RABI, L. "Georg Simmel, Ortega y Gasset y el Retorno a la Metafísica Tradicional Rumbo a una Filosofía de la Vida". *Revista de Estudios Orteguianos*, 23: 91, 2011.
89 *Id., Ibid.*

"Deus mesmo, se existe, começará existindo de alguma maneira na minha vida".[90] Entendendo a vida humana posso entender qualquer outra realidade que me é dada, pois a vida se configura como a realidade mais absoluta. Assim, não há outro caminho a não ser considerar o pensamento e a própria filosofia como função da vida, e é sobre essa via que Ortega constrói sua própria filosofia, pois viu tudo isso "antes e com mais clareza que ninguém".[91] Assim, a filosofia de Ortega se prestava a um possível retorno à metafísica, como uma reação às teses positivistas.

Em 1942, exatos vinte anos depois do seu escrito *O tema do nosso tempo*, Ortega publica um trabalho sobre Dilthey à guisa de homenagem ao filósofo historicista alemão intitulado: *Wilhelm Dilthey e a ideia da vida*, em que reconhece nele o primeiro a colocar o conceito de vida como explicação última da realidade: "Dilthey foi um dos primeiros a chegar nesta costa desconhecida e a caminhar por ela".[92] Porém, no escrito, Ortega considera que seu conceito de vida é superior e mais amplo do que o conceito de vida em Dilthey, pois a sua "razão vital representa um nível mais elevado que a ideia da razão histórica, onde Dilthey parou".[93]

Ortega procura deixar claro que, não obstante ter estudado na Alemanha, conheceu a obra filosófica de

---
90 ORTEGA Y GASSET, J. *Obras Completas*, t. 4, p. 115.
91 RODRÍGUEZ HUÉSCAR, A. *La Innovación Metafísica de Ortega in Ortega y su Tiempo*. Madri: Exposición organizada por el Ministerio de Cultura – Palacio de Velázquez del Retiro, mai.-jul. 1983, p. 50.
92 ORTEGA Y GASSET, J. *Obras Completas*, t. 6, p. 223.
93 GRACIA, J. *José Ortega y Gasset*. Madri: Taurus, 2014, p. 498.

Dilthey apenas recentemente, há quatro anos para ser exato, portanto, ao final dos anos 1930, e afirma: "a conheci de modo suficiente faz apenas uns meses".[94] Assim que Ortega chegou para estudar em Berlim, em 1906, Dilthey havia deixado o ensino ordinário e só recebia alguns alunos em sua casa.[95] À época, tentou ler a *Introdução às Ciências do Espírito*, célebre obra do autor, mas o destino impediu que isso acontecesse: "o livro havia se esgotado muitos anos antes, além de ser uma das obras mais raras do mercado".[96]

Segundo Ortega, Dilthey sempre foi considerado um autor difícil, compreensível apenas para o seu círculo íntimo de discípulos, como Georg Misch, e, para dificultar ainda mais a sua compreensão, "não chegou nunca, de todo, a modelar e dominar sua própria intuição".[97] Ortega procura deixar claro que sua reflexão sobre a ideia de vida é fruto seu, originalíssimo, e que não deve absolutamente nada a Dilthey, pelo simples fato de não ter conhecido até então nada do filósofo alemão: "não somente eu, mas todos os demais que podiam ter aproveitado seu influxo e desenvolver a ideia de vida não tropeçaram com ele a tempo".[98]

Não é tão certo que Ortega tenha passado tanto tempo sem ter lido nada de Dilthey. Nelson Orringer, filósofo alemão especialista em Ortega e

---

94 ORTEGA Y GASSET, J. *Obras Completas*, t. 6, p. 227.
95 *Ibid.*, p. 228.
96 *Id., Ibid.*
97 *Ibid.*, p. 229.
98 *Id., Ibid.*

estudioso das fontes alemães usadas pelo madrilenho em suas obras, aponta que encontrou na biblioteca pessoal de Ortega uma obra em que Max Scheler analisava a filosofia de Dilthey.[99] Mas, em um escrito de 1947, Ortega volta à questão e desabafa: "aqui se vê como é estúpido dizer que Dilthey influenciou o meu pensamento, posto que Dilthey não tinha ideia destas coisas e acreditava na 'consciência' com a fé do carvoeiro".[100] Para Ortega, o seu pensamento sobre a vida é mais amplo que o de Dilthey, por que, ao contrário deste, ele não ficou refém do irracionalismo vital, já que por nenhum momento abriu mão do intelecto, da razão: "[Dilthey] em seus últimos anos escreveu frases como esta: 'em toda compreensão da vida existe algo irracional, como a vida mesma o é'".[101] A metafísica orteguiana considera a vida humana como a realidade radical e ao mesmo tempo não perde a consciência da importância da razão para embasar tal metafísica. É pelo crivo da razão que passam as decisões e escolhas do homem: "a razão vital é a vida mesma funcionando como *ratio*".[102] Ortega até mesmo esquece um pouco a modéstia ao se colocar para além de Dilthey, o que faz o historiador Jordi Gracia comentar, não sem ironia: "Dilthey, em realidade, é somente interpretável a partir

---

99 ORRINGER, Nelson R. "La Crítica de Ortega a Husserl y a Heidegger: la Influencia de Georg Misch". *Revista de Estudios Orteguianos*, 3: 149, 2001.
100 ORTEGA Y GASSET, J. *Obras Completas*, t. 9, p. 1120.
101 *Id. Obras Completas*, t. 6, p. 250.
102 MARIAS, J. "La Metafísica de Ortega". *Revista de Estudios Orteguianos*, 12/13: 223, 2006 (Madri).

de Ortega".[103] A intuição de Dilthey sobre a vida chegou cedo demais, e o próprio Dilthey não soube manejá-la bem, tendo que lidar com ela com "fatigas e insuficiências".[104] Ortega não reconhece em sua obra nenhuma ideia a ser considerada como vinda de Dilthey, pela simples razão que pensa além do ponto a que Dilthey chegou. Suas ideias sobre a vida "partem desde seu primeiro passo, de uma estação além de Dilthey".[105]

Ele admite que ambas reflexões sobre a ideia de vida – a sua e a de Dilthey – são paralelas, andam juntas e não se tocam. Ambas são filosofias de vida, mas diferentes em suas intuições. Ortega elogia a elegância do sistema filosófico de Dilthey, digno do gênio e da tradição alemã, mas confessa que ele não poderia ajudar em nada o conceito orteguiano de razão vital.[106] E, assim, Ortega marca nítida distância entre seu pensamento e o de Dilthey.

Ao criticar certo irracionalismo na obra de Dilthey, Ortega sabe que não será fácil apontar irracionalismos em seu sistema raciovitalista. O conceito de razão vital, privilegiando a realidade bruta e considerando a razão apenas como regularizadora, "soube evitar as saliências irracionalistas e encontrou a chave para 'salvar' os furos da vida e da história, sem renunciar por causa disso a razão".[107] É um caminho que

---
103 GRACIA, J. *José Ortega y Gasset*. Madri: Taurus, 2014, p. 499.
104 ORTEGA Y GASSET, J. *Obras Completas*, t. 6, p. 223.
105 *Ibid.*, p. 231.
106 *Id., Ibid.*
107 RODRÍGUEZ HUÉSCAR, A. *La Innovación Metafísica de Ortega in Ortega y su Tiempo*. Madri: Exposición organizada por el Ministerio de Cultura – Palacio de Velázquez del Retiro, mai.-jul. 1983, p. 52.

busca encontrar o sentido do mundo e da vida sem perder a via da racionalidade. Ortega somente conseguiu criar os fundamentos desse tipo de filosofia por causa de sua circunstância de homem espanhol. Como a Espanha não tinha uma rigorosa tradição filosófica, a exemplo da Alemanha, Ortega contou com "uma liberdade de pensamento que careciam os outros filósofos europeus".[108]

Ortega resgata o "fazer metafísico" pelo fato de que, com o seu conceito de vida como realidade radical, pleiteia a totalidade, e com ele pode investigar tudo o que existe, sem exceções. Agindo assim, "ajudou a metafísica tradicional a recuperar seu prestígio filosófico e o compromisso do filósofo de se ocupar de tudo o que existe".[109] A física que "intenta apreender a realidade por meio de experimentos"[110] se contenta com parte da realidade, configurando-se como uma ciência parcial. A filosofia que "se concentra na realidade e não a manipula para cobrir necessidades práticas",[111] tem como âmbito toda a realidade, a totalidade, enfim. Como aquilo que passa pelo crivo do experimento representa parte da realidade, não a realidade absoluta, Ortega "conclui que as ciências naturais

---

108 *Ibid.*, p. 53.
109 RABI, L. "Georg Simmel, Ortega y Gasset y el Retorno a la Metafísica Tradicional Rumbo a una Filosofía de la Vida". *Revista de Estudios Orteguianos*, 23: 91, 2011.
110 RODRÍGUEZ HUÉSCAR, A. *La Innovación Metafísica de Ortega in Ortega y su Tiempo*. Madri: Exposición organizada por el Ministerio de Cultura – Palacio de Velázquez del Retiro, mai.-jul. 1983, p. 99.
111 *Id., Ibid.*

unicamente podem oferecer um conhecimento simbólico, enquanto a filosofia busca encontrar o desconhecido como é".[112] Ortega salienta que uma das tarefas da filosofia é levar à plenitude de significado os seus objetos: "dado um fato – um homem, um livro, um quadro, uma paisagem, um erro, uma dor –, se deve levá-lo pelo caminho mais curto à plenitude de seu significado".[113]

Mesmo apoiando-se na metafísica tradicional, Ortega pretende superar o eleatismo grego do ser estático. A máxima abstração generalizadora para se chegar à noção de ser parmenídeo é um erro já em sua origem, e difícil de corrigir porque "é a mais pesada e persistente herança grega, a qual a filosofia, até hoje, não conseguiu renunciar".[114] Parmênides, considerando o mundo sensível mera ilusão, forjou a ideia de um conceito puro de ser, "mais claro, mais inequívoco, mais resistente que as coisas do nosso contorno vital, que se comportam segundo leis exatas e invariáveis".[115] Diante do conceito puro, exato e perfeito do ser, produzido pelo intelecto, a vida espontânea fica em plena desvantagem, "automaticamente desqualificada".[116] As convicções espontâneas do indivíduo se transformam em simples "doxa", de forma que ele deve abandoná-las e "adotar de vez

---

112 Id., Ibid.
113 ORTEGA Y GASSET, J. Obras Completas, t. 1, p. 747.
114 RODRÍGUEZ HUÉSCAR, A. La Innovación Metafísica de Ortega in Ortega y su Tiempo. Madri: Exposición organizada por el Ministerio de Cultura – Palacio de Velázquez del Retiro, mai.-jul. 1983, p. 53.
115 ORTEGA Y GASSET, J. Obras Completas, t. 3, p. 591.
116 Id. Obras Completas, t. 1, p. 591.

os pensamentos da razão pura, que são o verdadeiro 'saber' – *episteme*".[117]

Ortega se recusa a deixar em um segundo plano a vida espontânea e a considerar que a razão possa esgotar a explicação de toda a realidade. Pensar assim é submeter-se ao racionalismo, que nada mais é do que "a redução do mundo ao eu e a implantação do eu no mundo".[118] A razão é fundamental, mas é apenas uma das muitas dimensões do sujeito: "a razão pura não pode suplantar a vida".[119] Frente a toda realidade, ela representa não mais que uma ilha pairando na imensidão do mar da vida. O sujeito é o organismo inteiro, a razão, apenas um de seus membros. Ortega finaliza a transição do idealismo para o vitalismo considerando que, se a filosofia grega descobriu a razão, a descoberta da vida espontânea em nosso tempo, e o desenvolvimento filosófico deste tema, "é a nossa missão".[120]

3. A vida como realidade radical

Mergulhado nas lides espanholas, desde quando morava em Madri, Ortega faz propaganda em cursos e escritos àquela que considera a sua contribuição original para a filosofia: o conceito de vida como realidade radical. Ele tem plena liberdade e serenidade para afirmar que "vemos com plena evidência

---
117 *Id. Obras Completas*, t. 3, p. 591.
118 MOLINUEVO, J. L. *Para Leer a Ortega*. Madri: Alianza, 2002, p. 118.
119 ORTEGA Y GASSET, J. *Obras Completas*, t. 3, p. 592.
120 *Ibid.*, p. 178.

que não nos é possível pensar realidade nenhuma na qual não esteja incluída a nossa vida, porque esta é a única que temos, e nela terá de aparecer, surgir o ser a nós notificada toda outra realidade".[121] Munido dessa intuição, Ortega coloca a Espanha no mapa filosófico, se tornando um dos poucos filósofos espanhóis a ter fama internacional traduzida em vendagem de livros e convites para conferências fora da Espanha. Com o sucesso de sua produção literária e acadêmica acerca do raciovitalismo, eleva a filosofia espanhola a um nível acima daquele em que ela se encontrava à sua época, e se convence que alcançou o que parecia impossível, a superação do idealismo. A realidade radical e indiscutível não é a consciência ou o sujeito, mas sim a vida, e nela, consciência e sujeito estão incluídos:"dessa maneira, escapamos do idealismo e conquistamos um novo nível".[122]

A tarefa mais urgente da filosofia é concentrar-se na vida, e Ortega o faz: "a vitalidade é já obsessivamente a essência de um ciclo de escritura filosófica complexo, heterogêneo, disperso, porém, muito coerente".[123] Ortega mostra-se maravilhado pela vida humana, e ainda que não seja cristão, se vale da passagem do livro do *Gênesis* para descrever metaforicamente a entrada da vida humana no universo:

---

121 *Id. Obras Completas*, t. 8, p. 423.
122 *Ibid.*, p. 360.
123 GRACIA, J. *José Ortega y Gasset*. Madri: Taurus, 2014, p. 362.

Deus disse: "façamos o homem à nossa imagem". O sucesso foi de enorme transcendência: o homem nasceu e subitamente soaram sons e ruídos imensos por todo o universo, luzes se iluminaram por toda a parte, o mundo se encheu de cheiros e sabores, de alegrias e sofrimentos. Em uma palavra, quando nasceu o homem, quando começou a viver, começou também a vida universal.[124]

Definir e analisar o que é originariamente a vida humana é a tarefa mais urgente; vida é o que somos e o que fazemos, é o modo de ser mais radical, pois tudo começa com ela e a ela se reconduz: "a equação mais obscura da matemática, o conceito mais abstrato da filosofia, o Universo, Deus, são coisas que encontro em minha vida, são coisas que vivo".[125]

O ponto de partida da filosofia da vida é bastante concreto, pois a vida é intransferível. "Viver é o que ninguém pode fazer por mim",[126] e isto é um fato, não uma abstração idealista. A vida é a realidade primeira e quem quiser propor uma outra, como o pensamento, por exemplo, "verá que é impossível",[127] pois todas as outras realidades estão submetidas a ela. Não se trata de se colocar no cenário mais uma teoria em meio a tantas outras que buscam explicar a realidade. Ortega espera, justamente, barrar as teorizações feitas até aquele momento, não muito diferente do idealismo, e apresentar um tipo de filosofia acima de toda

---

124 ORTEGA Y GASSET, J. *Obras Completas*, t. 2, p. 64.
125 *Id. Obras Completas*, t. 8, p. 345.
126 *Ibid.*, p. 346.
127 *Ibid.*, p. 361.

e qualquer teorização, pois "a vida é o que encontramos quando suprimimos todas as teorias".[128]

Se a filosofia idealista questionava negativamente a realidade instável e espontânea, Ortega questiona, também negativamente, a inflexibilidade da razão pura que pleiteia a estabilidade e a imobilidade, escapando assim do mundo real. Motivo pelo qual "a razão pura tem que ceder seu império à razão vital".[129] Para o raciovitalismo a ideia de princípio deve ser rechaçada, pois advogar um princípio para toda a realidade é desconsiderar a multiplicidade, característica fundante da realidade bruta. Portanto, supor um princípio que explique toda a realidade é nada mais que racionalização, um modo de ser da cultura ocidental, herança *parmenideia* que depõe contra a vida espontânea: "não há nada mais oposto à espontaneidade biológica, ao mero viver a vida, que buscar um princípio e fazer derivar dele nossos pensamentos e atos".[130] Ortega estranha que a tudo considerou-se princípio: religião, cultura, ciência, etc., menos a vida, considerada um fato nulo, um lance de azar. Para ele, é necessário trocar o culturalismo racionalista dominante por um conceito amplo de vida, pois todo e qualquer sentido não vem fora da vida, mas nela mesma, assim, ao invés de dizer "a vida para a cultura" deve-se dizer: "a cultura para a vida".[131]

---

128 MARIAS, J. "La Metafísica de Ortega". *Revista de Estudios Orteguianos*, 12/13: 219, 2006 (Madri).
129 ORTEGA Y GASSET, J. *Obras Completas*, t. 3, p. 593.
130 *Ibid.*, p. 594.
131 *Ibid.*, p. 186.

O que Ortega espera é que, tendo como ponto de partida a vida como fundamento de toda a realidade, se proceda "a organização real da realidade".[132] Todas as realidades, até então consideradas como fundamento, foram se "desprendendo do sujeito e adquirindo consistência própria",[133] o que foi um equívoco. Agora, elas devem dar espaço e, ao mesmo tempo, se organizarem a partir de um único fundamento, este sim, legítimo: o conceito de vida. Apenas a partir dessa reorganização se pode tratar de uma arte vital, uma ética vital, uma justiça vital, uma liberdade vital, uma fé vital, enfim, uma metafísica vital.

Ortega detecta na vida humana um valor intrínseco, que brota da essência da própria vida. Para além da grande complexidade que traz consigo, com uma organização somática, irrepetível no universo, a vida humana ainda é um fato transcendente, a diferença das outras realidades: "a pedra nada sente e nem sabe que é pedra: é para si mesma absolutamente cega".[134]

Imbuída desse valor inerente a si mesma, a vida se revela suficiente, pois existe para ser vivida; e não pode dar chance a equívocos, tais como servilismos ou heteronomias, assim como não deve ser colocada a serviço de algo. A vida não é *para*, mas tem valor em *si*.[135] Não é cega como a pedra, mas sempre preocupada em se desvelar. Inconformada com o seu ser

---
132 MARIAS, J. "La Metafísica de Ortega". *Revista de Estudios Orteguianos*, 12/13: 223, 2006 (Madri).
133 ORTEGA Y GASSET, J. *Obras Completas*, t. 3, p. 587.
134 *Id. Obras Completas*, t. 8, p. 571.
135 *Id. Obras Completas*, t. 3, p. 603.

atual, quer mais, pois tem diante de si um horizonte aberto: "viver é uma revelação, um não contentar-se com ser, mas um compreender ou ver o que é, um inteirar-se. É o descobrimento incessante que fazemos de nós mesmos e do mundo ao redor".[136]

O homem não pediu para estar no mundo; vir à vida em um contexto determinado por cultura, crença e condição social não foi uma escolha do sujeito, e isso compromete sua liberdade: "vivemos aqui, agora, nos encontramos em um lugar do mundo e nos parece que viemos a este lugar livremente, porém, não somos livres para estar ou não neste mundo que é o de agora".[137] Por esse ponto de vista, a vida, por ter sido imposta ao homem, se configura como drama: "viver não é entrar por gosto em um lugar previamente escolhido, como se escolhe o teatro depois de jantar, é mais encontrar-se, de repente e sem saber como, caído, submergido, projetado em um mundo imutável, este de agora".[138] Ortega equipara o ser projetado no mundo com o caso hipotético de alguém que, ainda dormindo, é levado aos bastidores de um teatro e de repente, é jogado no palco e se vê diante da plateia. Esse alguém "deve resolver de algum modo decoroso aquela exposição ante o público, que ele não buscou e não previu".[139] Eis assim configurada a dramaticidade da vida, que

---

136 *Id. Obras Completas*, t. 8, p. 355.
137 *Ibid.*, p. 573.
138 *Ibid.*, p. 503.
139 *Ibid.*, p. 504.

nos é "sempre disparada a queima-roupa",[140] colocando a existência do homem como um problema a ser resolvido.[141] A imprevisibilidade que a vida traz consigo pode fazer dela um peso insuportável para o homem, obrigando-o a viver a vida em um eterno suspense, arrastando o "peso da vida pelas esquinas do mundo".[142]

O homem procura por segurança mesmo sabendo que jamais a encontrará, pois a vida, desde o seu primeiro momento, é caracterizada por uma "radical insegurança".[143] Uma vida que esteja imune aos perigos é simplesmente impossível, pois isso escapa à natureza da própria vida. Quem espera uma vida assim se engana, pois, uma vida completamente segura é como se fosse um quadrado-redondo. A solução para a dramaticidade da vida não é a renúncia, mas o enfrentamento. Essa interpretação da vida humana pode ser vista também numa carta que Ortega, ainda muito jovem, escreve ao pai, que se encontrava desanimado e desinteressado pela vida:

> Depois de anos, um dia, entre se sai ou não o sol, se nos faz noite por completo e tudo se consuma. Nossa morte carece de importância, como havia carecido nossa vida. Não gozamos nada que tenha valido a pena e tivemos dores físicas e angústias morais. E tudo isto é uma razão para entristecer-se? Não senhor: ninguém nos enganou, há milhares de

---

140 *Id., Ibid.*
141 *Ibid.*, p. 573.
142 *Ibid.*, p. 356.
143 *Ibid.*, p. 641.

anos sabemos nossa história: deve-se viver disposto a não anuviar-se porque, se tudo vale o mesmo, se tudo carece de importância, tampouco é motivo para dar-se a amargura (ORTEGA, 1991, p. 158).

Não se entregar à angústia, à náusea ou ao niilismo. Ortega aconselha o pai a enfrentar a vida tendo consciência daquilo que a vida é. Trata-se aqui, por parte de Ortega, do sentimento estético diante do sentimento trágico, em relação à vida. Ele reconhece as dificuldades, por vezes extremas, inerentes à condição humana. Mas, ao mesmo tempo, reconhece também que, não obstante ao destino trágico, é preciso saborear a vida tal como ela é.[144] Ortega faz jus ao estilo mediterrâneo de encarar a vida. Ainda que haja um arsenal de dificuldades para resolver, deve-se viver a vida com entrega e decisão, mantendo a moral elevada e dando lugar à extroversão.

A vida é projeto aberto, portanto, insegura, imprevisível e com inúmeras possibilidades. O homem, que não pediu para estar na vida, é instado a escolher dentre as muitas possibilidades que lhe são colocadas e, assim, é obrigado continuamente a tomar decisões. Sem descanso, a todo instante deve resolver o problema do que vai fazer.[145] A vida se constitui de tudo aquilo que o homem faz, " porque viver é encontrar-se a si mesmo no mundo, ocupado com as coisas e seres do mundo".[146] Se ocupando e tentando

---
144 MOLINUEVO, J. L. *Para Leer a Ortega*. Madri: Alianza, 2002, p. 25.
145 ORTEGA Y GASSET, J. *Obras Completas*, t. 8, p. 504.
146 *Ibid.*, p. 354.

realizar o seu projeto, o homem tem a possibilidade de atingir o fim a que se propôs: "a vida é sobretudo um *quehacer*, tarefa, missão, cumprimento das metas com as quais queremos realizar nossas aspirações".[147]

A vida do homem é construída na medida em que ele vai tentando (ou não) realizar o seu projeto. Para isso, conta com um "sistema de facilidades e dificuldades",[148] que são as circunstâncias que compõem a vida. Como o homem não pode prever as circunstâncias em sua totalidade, seu projeto de vida não é de todo seguro, de forma que ninguém consegue pensar por inteiro o seu projeto.[149]

O próprio homem é pensado como um projeto, e pelas muitas possibilidades que as circunstâncias lhe impõem, é no decorrer da vida que o homem descobre que projeto ele é.[150] É parte integrante do destino concreto do homem buscar de modo ativo a execução de seu projeto, humanizando-o e autenticando-o, confrontando-se com as circunstâncias. Esse projeto é um "puro ter que ser".[151] É estando no mundo que o homem realiza o seu projeto, pois, ele coexiste com o seu entorno. Assim, o homem é vocacionado a estar em um mundo estranho a ele, onde nada lhe é antecipado. O que leva Ortega a ver a vida como uma tragédia em sua própria essência, uma vez que o homem está no mundo, mas não é o

---

147 SAN MARTÍN, J. *La Fenomenología de Ortega y Gasset*. Madri: Biblioteca Nueva, 2012, p. 154.
148 ORTEGA Y GASSET, J. *Obras Completas*, t. 8, p. 437.
149 *Ibid.*, p. 436.
150 *Id., Ibid.*
151 *Ibid.*, p. 440.

mundo, ou ainda pior, um mundo inapto a ele, um mundo que se mostra até mesmo contra ele: "viver é estar entregue ao inimigo – o mundo".[152]

Sendo a vida um contínuo de decisões a serem tomadas, o homem, mais do que aquilo que é, é aquilo que ainda não é, pelas possíveis decisões que ainda deverá tomar, e, assim, "viver é constantemente decidir o que vamos ser".[153] O homem tem consciência do seu momento presente, mas se ocupa, sobretudo, do momento imediato a esse, porque a vida é algo que vai se fazendo conforme se olha para o futuro, "fora do presente".[154] A preocupação é inerente à vida, pois ela demanda do homem um olhar constante para o futuro. Ortega vê a preocupação como característica da vida porque "por mais seguros que estejamos do que nos vai acontecer amanhã, o futuro é sempre uma possibilidade".[155] Assim, a vida não é acomodação, pelo contrário, é um decidir-se a cada momento para saber o que se fará no momento seguinte, é ocupar-se por antecipação. Ao não tomar esse cuidado, é provável que a vida vá à deriva, sem rumo.

Ainda que o homem tente levar sua vida de forma despreocupada, essa despreocupação é apenas aparente, pois o homem sabe que não "deve renunciar à responsabilidade diante do seu próprio

---

152 *Id., Ibid.*
153 *Ibid.*, p. 575.
154 *Ibid.*, p. 507.
155 *Ibid.*, p. 574.

destino".[156] Se a regra dos demais é viver a vida com despreocupação, o homem autêntico deve subvertê-la. As pessoas que vivem despreocupadas estão próximas da mediocridade pois não têm sua vida nas mãos, e, assim, já não vivem mais, restando-lhes interpretar o papel que lhes foi designado. A bem da verdade, elas também se preocupam, mas de viver despreocupadas.

O homem se preocupa porque a vida não é como a trajetória certeira de uma bala de revólver, mas se constrói mediante as decisões tomadas; ela não é dada pronta, mas é a construção das decisões do que fazer, "temos que decidir o que vamos ser".[157] O homem é sempre um projeto em andamento, é "um ser que consiste mais naquilo que vai ser, do que naquilo que atualmente é, portanto, no que ainda não é!".[158] O que ele finalmente será, depende do próximo passo a ser dado, da próxima escolha a ser feita.

Na medida em que escolhe determinadas possibilidades e descarta outras, o homem vai se construindo na liberdade. Mas, por ser condenado a escolher dentro de um cenário já dado, Ortega constata que a vida, para além da liberdade, é fatalidade, pois a liberdade do homem é condicionada às circunstâncias: "vida é, ao mesmo tempo, fatalidade e liberdade, é ser livre dentro de uma fatalidade dada".[159]

---

156 *Ibid.*, p. 373.
157 *Ibid.*, p. 574.
158 *Ibid.*, p. 358.
159 *Ibid.*, p. 368.

Portanto, o homem deve enfrentar as circunstâncias como meio de executar o seu programa vital, aceitá-las com rigor e com clareza. Recusar-se a fazer isso seria falsificar a vida, colocando-a no rumo da inautenticidade. O homem deve viver com sinceridade seu programa de vida, que de resto, é a sua vocação.[160] Os jovens são os que mais se arriscam a viver um programa de vida inautêntico, em razão das muitas seduções e ídolos que a cultura lhes apresenta: "o jovem está sempre querendo ser aquilo que não é".[161] Ortega propõe a todos e, especialmente aos jovens, o mote que por um tempo tornou-se princípio de todos os princípios morais: "torna-te quem tu és".[162] Para tanto, é preciso viver, dar-se conta de que vive, sem necessariamente valer-se de abstrações intelectuais, pois, viver "não implica conhecimento intelectual, mas sim a surpreendente presença que a vida tem para cada um".[163] O drama da pessoa demente é que ela não tem consciência da realidade, "está fora de si, enquanto a vida é saber-se".[164]

A vida humana é problemática também pela sua mortalidade. Para um ser imortal boa parte dos problemas da vida nem mesmo existiria, pois o tempo não se esgotaria nunca. Para o homem mortal isso não acontece; cada minuto passado tem valor absoluto, não volta mais: "a vida vivida não tem remédio,

---

160 *Ibid.*, p. 510.
161 *Id., Ibid.*
162 *Ibid*, p. 511.
163 *Ibid.*, p. 353.
164 *Ibid.*, p. 354.

conforme vai sendo, vai se consumindo. Viver é desviver-se".[165] Daí a necessidade de valorizar o tempo, para que a própria vida não se perca, pois, ela, com muita facilidade, escorrega para fora de si: "o tempo vital se compõe de horas contadas e cada uma é insubstituível". Perder tempo é "assassinar um trecho irreparável de nossa existência".[166] É preciso manter o foco para se ter a vida nas mãos, pois ela teima em migrar para fora de si mesma, demandando o esforço do sujeito para aferrá-la, uma vez que, só assim, é possível descobrir "seus peculiares valores".[167]

Da fenomenologia que Ortega faz da vida salta um delicado otimismo: não obstante a dramaticidade da vida e a fatalidade do destino, é possível fazer da vida algo belo, pois a "beleza da vida está precisamente em fazermos de sua matéria fatal uma figura nobre, independente de o destino nos ser favorável ou adverso".[168]

4. A crítica ao racionalismo

Em um texto de 1924, "Nem vitalismo nem racionalismo", Ortega busca responder às críticas feitas ao seu sistema, conhecido como *teoria* do raciovitalismo, e, ao mesmo tempo, procura solidificar seus fundamentos. Para Ortega, as críticas, especialmente aquelas que reputam seu sistema como

---

165 *Ibid.*, p. 506.
166 *Id., Ibid.*
167 *Id. Obras Completas*, t. 3, p. 602.
168 *Ibid.*, p. 372.

irracional não procedem, prova é que sua hipótese de explicação da vida começa com a palavra *teoria*, e, para ele, "razão e teoria são sinônimos".[169] O pensador madrilenho destaca que em nenhum momento sua hipótese vitalista abre mão da razão e passa a flertar com o irracionalismo. Seu objetivo é atestar os limites da razão diante da vida entendida como realidade radical. Ortega aceita o método do conhecimento teorético racional, mas não abre mão de situar o problema da vida no centro de sua filosofia, pois "o problema da vida, é o problema do sujeito pensador desse sistema".[170] Ele não se opõe à razão, mas sim ao racionalismo. O problema que ele detecta é que, como reação às correntes relativistas, terminou-se por cair em um racionalismo extremado, e, assim, "o racionalismo, para salvar a verdade, renuncia à vida".[171]

No ano anterior (1923, portanto), seu escrito "O tema do nosso tempo" já enfrentava essas questões. Como estar de acordo com um sistema filosófico (o idealismo) que, manuseando o conceito de verdade termina por renunciar à vida, e torna-se um "espectro irreal que se desliza imutável através do tempo, alheio às vicissitudes que são sintoma da vitalidade"?[172] Para Ortega, os patrocinadores do modo de interpretar a verdade de maneira absoluta consideram legítimo supor um fundo de verdade universal e

---
169 *Ibid.*, p. 717.
170 *Id., Ibid.*
171 *Ibid.*, p. 573.
172 *Id., Ibid.*

estável comum à vida humana, livre de condições culturais e livre de todo relativismo: "Descartes chamou a esse fundo comum, isento de variações e peculiaridades individuais de 'razão', e Kant, de 'ente racional'".[173] Além do mais, esse tipo de verdade imutável comum a diferentes realidades anula a vida, pois: "cai tudo o que de vital e concretamente somos, nossa realidade palpitante e histórica",[174] e acaba por tornar-se um racionalismo "que nos capacita para alcançar a verdade, porém em troca, não vive, vitalidade".[175]

Para construir seu discurso, o racionalismo lança mão de conceitos superlativos e absolutos que não se verificam na vida real. Ortega dá o exemplo de um ponto: para os olhos do sujeito, um ponto se configura como o menor sinal que se pode conceber. A razão apresenta o ponto idealmente pequeno, absolutamente pequeno: "quando se põe a pensar em um ponto não pode deter-se em nenhum tamanho até chegar ao extremo".[176] Tal fato acontece porque a razão está no campo da pura intelecção, que é "nosso entendimento funcionando no vazio, sem trava alguma, direcionado a si mesmo e dirigido por suas próprias normas internas",[177] ou seja, um mundo absolutamente puro e que, exatamente por isso, se distancia do mundo real.

Ortega tenta buscar o equilíbrio entre os dois polos – razão e vida – que constituem a realidade.[178]

---

173 *Id., Ibid.*
174 *Id., Ibid.*
175 *Id., Ibid.*
176 *Ibid.*, p. 574.
177 *Id., Ibid.*
178 Cf. nota 3 do capítulo "Do idealismo ao raciovitalismo" (Parte 2).

Não se pode considerar como prioritário "nem o absolutismo racionalista – que salva a razão, mas anula a vida –, nem o relativismo, que salva a vida evaporando a razão".[179] Ortega pretenderá então uma nova compreensão adequando razão e vida: "para nós, a velha discórdia está resolvida desde logo; não entendemos como se pode falar de uma vida humana sem o órgão da verdade, nem de uma verdade que, para existir, necessita previamente desalojar a fluência vital".[180] A tarefa de Ortega, nesse momento, é mostrar como a razão, que mostra o mundo idealmente perfeito e, portanto, imutável, pode se compor à instabilidade que constitui a marca do mundo tal como ele é. Existe uma correspondência entre o pensamento e o objeto, se assim não fosse, o mundo ruiria e não se constituiria para o sujeito. O pensamento do homem, marcado pelo mundo ideal, deve acomodar-se à realidade, ao mundo real, pois, o homem "não consegue acomodar-se a si, se não se acomoda àquilo que ele não é, ou seja, ao mundo em torno de si".[181]

Para Ortega, vivem-se tempos de filosofia bélica, "que aspira destruir o passado mediante sua radical superação".[182] A história se alterna em épocas de pacificação e épocas eliminatórias, onde o novo quer suplantar o velho. Se isso procedesse, haveria um tipo de verdade para cada geração? Se verdade

---

179 ORTEGA Y GASSET, J. *Obras Completas*, t. 3, p. 577.
180 *Ibid.*, p. 578.
181 *Ibid.*, p. 580.
182 *Ibid.*, p. 146.

é "refletir adequadamente o que as coisas são",[183] de modo único e invariável, como conciliar essa concepção de verdade dentro da "vitalidade humana, que é, por essência, mutante e variável de acordo com cada indivíduo, raça e idade?".[184] Por outro lado, caso se modulasse a verdade para a absoluta instabilidade da vida "não se teria mais que verdades relativas à condição de cada sujeito".[185] E pensar assim seria promover um relativismo suicida.

Ortega busca oferecer uma resposta à questão operando distinções ao conceito de verdade, compreendendo-a em seus aspectos científicos e filosóficos. A verdade científica é sempre penúltima, um grau abaixo da filosófica, que é a última. Ela tem precisão e rigor, porém, diante da amplitude da vida, mostra-se insuficiente. A verdade filosófica, mesmo que careça de certo rigorismo, é mais radical pela amplitude do seu tema, pelo seu modo de chegar ao conhecimento e pela investigação que faz acerca da vida, se configurando como "uma verdade mais verdadeira".[186] A verdade científica retrata parte da realidade, mas não toda a verdade. O pensamento nada mais é que um produto do "eu". Ortega não aceita a primariedade do pensamento da filosofia cartesiana. Para ele, o pensamento não paira sozinho no ar, é preciso que um "eu" pense. Mesmo esse "eu" não flutua no ar, ele está em um lugar, em

---

183 *Ibid.*, p. 572.
184 *Id., Ibid.*
185 *Ibid.*, p. 573.
186 *Id. Obras Completas*, t. 8, p. 266.

um mundo. Portanto, a realidade primeira, a verdade radical, não é a do pensamento, mas sim do "eu" e do "mundo", ou "eu e minha circunstância", para permanecer no vocabulário orteguiano:

> Necessitamos, pois, corrigir o ponto de partida da filosofia. O dado radical do Universo não é simplesmente: o pensamento existe ou o eu pensante existo – senão que se existe, o pensamento existe, *ipso facto*, eu que penso e o mundo em que penso – e existe um com o outro, sem possível separação. Porém, nem eu sou um ser substancial, nem o mundo tampouco – somos ambos em ativa correlação: eu sou o que vê o mundo e o mundo é visto por mim. Eu sou para o mundo e o mundo é para mim. Se não existissem coisas que ver, pensar e imaginar, eu não veria, pensaria ou imaginaria – quer dizer, eu não seria.[187]

Como se vê, Ortega tira a primazia do pensamento e coloca em destaque a relação "eu" e "circunstância". Afirmar que o pensamento é o ponto de partida para compreensão de toda a realidade é equivocar-se. Antes do pensamento, vem o homem e sua circunstância. A verdade científica não capta a realidade em plenitude, por ser parcial: "a verdade é que existo eu com meu mundo e em meu mundo – e consisto em ocupar-me com esse meu mundo, em vê-lo, imaginá-lo, pensá-lo, amá-lo, odiá-lo, estar triste ou alegre nele e por ele, mover-me nele, nele sofrer, transformá-lo".[188]

---
187 *Ibid.*, p. 343.
188 *Ibid.*, p. 344.

A verdade filosófica se adequa à realidade radical, se encontra com o mundo, o qual, para Ortega, significa a própria vida humana, o conjunto do eu e da circunstância. A verdade científica é apenas mais um ato da vida, que se encontra no amplo painel de eventos que é a vida do homem, "enorme, alegre e triste, esperançada e pavorosa".[189] Considerar o contrário é, mais uma vez, reduzir o mundo à verdade científica, própria da concepção idealista. A vida humana, não a ideia, é a realidade primordial, o fato de todos os fatos. A vida se encontra no mundo, aqui e agora: "acabaram-se as abstrações".[190]

Ortega empreende uma linha de pensamento em que procura esclarecer que, ainda que não dê abertura ao irracionalismo, em algum momento ele se impõe. Para provar a afirmação, começa salientando que "raciocinar é ir de um objeto – coisa ou pensamento – ao seu princípio".[191] Conhecer é saber distinguir, e distinguir é tentar uma atomização de ideias: "ao distender os poros da ideia complexa, penetra entre eles nosso intelecto e a faz transparente. Essa transparência cristalina é o sintoma do racional".[192] Portanto, se conhece quando se consegue chegar aos últimos elementos de uma coisa, decompondo-a, analisando-a: "o racional é sempre a operação de inventário que fazemos, decompondo o

---

189 *Ibid.*, p. 345.
190 *Ibid.*, p. 345.
191 *Id. Obras Completas*, t. 3, p. 718.
192 *Ibid.*, p. 719.

complexo até os últimos termos".[193] Porém, ao se deparar com os últimos elementos daquilo que se quer conhecer, não pode a razão seguir adiante, e, aqui, segundo Ortega, "a mente deixa de ser racional"[194] e se depara com duas alternativas: ou se fecha em um agnosticismo ou se abre a um irracionalismo. O que leva Ortega a decretar que na própria razão se encontra um abismo de irracionalidade: "irracionais são todos os infinitos, irracional é o tempo e o espaço".[195] Não à toa, se pode falar de números irracionais na matemática, pois neles, "foi descoberto com estupor a primeira irracionalidade".[196]

O racionalismo incorre em equívoco ao admitir que possui a capacidade de conhecer todas as coisas através da razão. Isto não é possível, pois, "as últimas coisas só se conhecem por si mesmas, portanto, irracionalmente".[197] Ainda assim, é apenas a via da racionalidade que pode constatar a irracionalidade dos argumentos, revelando, dessa forma, seu importante papel. Frente a ilogicidade da intuição coloca-se a lógica da razão, que depende, porém, de conceitos que não caiam em contradição, pois "toda a lógica, toda a racionalidade depende da possibilidade dos conceitos".[198]

A razão, ao decompor o objeto em seus últimos elementos, se configura como a máxima intelecção,

---

193 *Id., Ibid.*
194 *Ibid.*, p.718.
195 *Ibid.*, p. 722.
196 *Ibid.*, p. 722.
197 *Ibid.*, p. 719.
198 *Ibid.*, p. 720.

permitindo ver o objeto em "seu interior, penetrá-lo e fazê-lo transparente".[199] A razão executa uma operação de recusa aos últimos elementos, que são infinitos e, "portanto, irracionais".[200] Assim, a razão se configura como "uma breve zona de claridade analítica",[201] o que leva o filósofo a concluir: "raciocinar é puramente combinar visões irracionais".[202]

Depreende-se da argumentação de Ortega, que o racionalismo, levado até as últimas consequências, pode resvalar para o irracionalismo, logo, seria uma cegueira "não querer ver as irracionalidades que suscitam por todos os lados o uso puro da razão mesma".[203] O racionalismo não pode pretender uma perfeita adequação entre vida e pensamento, agir assim seria, mais uma vez, tomar a parte pelo todo, considerar que a única verdade é a científica. Querer que as coisas se comportem como as ideias é "a grande confusão, a grande frivolidade de todo racionalismo".[204]

Ortega denuncia a pretensão do idealismo racionalista que pensa poder construir um mundo ao seu bel prazer, desprezando o verdadeiro modo de ser do mundo, com suas luzes e sombras, com suas serras e vales, encaixando-o na mente, violentando-o, projetando sobre ele sua subjetiva estrutura racional.[205]

---

199 *Ibid.*, p. 722.
200 *Id., Ibid.*
201 *Id., Ibid.*
202 *Id., Ibid.*
203 *Ibid.*, p. 722.
204 *Id., Ibid.*
205 *Ibid.*, p. 723.

Em seu afã de atrelar a todo custo o mundo real à ideia, aquele em dependência desta, o racionalismo incorre em equívocos, o que faz Ortega lhes creditar "o futurismo, o utopismo, o radicalismo filosófico e político dos dois últimos séculos".[206] O racionalismo evoca para si uma missão que está além de suas possibilidades, a de construir um mundo novo à força da ideia, que "inverte a missão do intelecto, incitando-o para que, ao invés de formar-se ideias das coisas, construa ideais nos quais as coisas devem se ajustar".[207] Desta maneira, o racionalismo pretende ser a nova *pedra filosofal*, querendo ser mais que uma simples teoria e se empenhando em "transmutar a realidade em ouro imaginário,[208] não aceitando o que a realidade é, mas decretando o que ela deve ser. Salienta-se que Ortega não vai contra a razão, e sim contra o racionalismo, contra a razão pura, o dever ser, e tenta combater o que considera certo misticismo da razão.

5. O Eu

Ortega distingue o *eu próprio* do *eu do outro*, exemplificando esta distinção com o verbo andar. O andar do outro é algo que percebo com meus próprios olhos, e consiste em uma "série de posições sucessivas das pernas sobre a terra".[209] O meu andar,

---
206 Id., Ibid.
207 Ibid., p. 724.
208 Id., Ibid.
209 ORTEGA Y GASSET, J. *Obras Completas*, t. 1, p. 667.

por sua vez, é "o andar visto por dentro do que ele é".[210] Existe um *próprio andar* completamente distinto do *outro andar*. O mesmo raciocínio se aplica à dor ou aos sentimentos. As realidades que experimento com o meu *eu* são sempre distintas das realidades *fora de mim*. A dor que reconheço no outro não dói em mim; a dor do outro chega até mim como uma imagem, uma pálida ideia de dor. Existe, portanto, uma distância "entre o eu e todas as outras coisas, sejam elas um corpo, um tu, um ele".[211]

Ortega estende o significado do *eu* não só para o sujeito, mas para todas as outras coisas como realidades em *execução*. Ele advoga a tese de que "todos desde si mesmos são um eu, porque executam seu ser".[212] Aparece, assim, o conceito orteguiano do *eu executivo*: "*eu* significa, pois, homens, coisas, situações, enquanto verificando-se, sendo, executando-se".[213] O *eu executivo* nada mais é do que a vida vivida a cada instante: "o termo da executividade vai se firmar como um termo técnico de referência, no qual Ortega pretende superar não somente o moderno idealismo, mas todo o intelectualismo ocidental",[214] e se configura como uma das marcas da filosofia de Ortega.

Assim como fez em *Adán en el Paraíso*, Ortega se vale de uma obra de arte para explicar alguns

---

210 *Ibid.*, p. 668.
211 *Id., Ibid.*
212 SAN MARTÍN, J. *La Fenomenología de Ortega y Gasset*. Madri: Biblioteca Nueva, 2012, p. 182.
213 ORTEGA Y GASSET, J. *Obras Completas*, t. 1, p. 668.
214 ALONSO FERNANDEZ, M. "El Problema de la Futurición en Ortega y Marías". *Revista de Estudios Orteguianos*, 29: 160, 2014 (Madri).

conceitos chaves do *eu executivo*, e passa a indagar o que, especificamente o expectador contempla na escultura *Lorenzo de' Medici* ou *Il pensieroso*, de Michelangelo, de 1525, exposta no *Museo delle Cappelle Medicee*, em Florença.[215] O que chama atenção na escultura não é o mármore, nem mesmo a imagem fantástica que da obra se depreende, e sim, o pensar em ato, executando-se. Nele, "presenciamos o que de outro modo não pode ser para nós nunca presente".[216] A vantagem que a arte traz frente à ciência é que ela pode apresentar as coisas em sua "realidade executiva",[217] enquanto a ciência se detém com esquemas, alusões, sombras e símbolos.

Ao ver um cipreste, o sujeito executa o ato vital de ver o cipreste, pois o mesmo se revela como um momento de seu *ser*. Mas, para que o cipreste se torne um objeto da percepção do sujeito, será preciso que o sujeito olhe para dentro de si mesmo e veja o cipreste se desmanchando em si, no sujeito mesmo. Será preciso que "a palavra *cipreste*, expressiva de um substantivo, entre em erupção, se ponha em atividade e adquira um valor verbal".[218]

Dessa forma, toda imagem atuada pelo sujeito é sentimento, não apenas no sentido costumeiro da palavra que remete à alegria e tristeza, mas no sentido de produzir uma reação subjetiva à uma imagem objetiva atuada. Porém, tal reação subjetiva nada

---

215 CAPRETTI, E. *Michelangelo*. Milão: Giunti, 2006, p. 282.
216 ORTEGA Y GASSET, J. *Obras Completas*, t. 1, p. 671.
217 *Ibid.*, p. 672.
218 *Ibid.*, p. 676.

mais é que o "ato mesmo da percepção, seja visão, recordação, intelecção, etc.".[219] Aqui, Ortega precisa: ou atendemos ao objeto ou atendemos ao nosso ato de visão, e, como já apontou, é justamente por isso que "nossa intimidade não pode ser diretamente objeto para nós".[220] O que Ortega propõe é ir às coisas mesmas, ao momento em que essas se realizam revelando a sua realidade radical, situando na "executividade a raiz de todo pensamento filosófico".[221]

Para o filósofo, cada ente é um *eu*, não por pertencer a uma classe zoológica (animal) ou por ter consciência (racional), mas, por ser "direcionado desde dentro de si mesmo, é um *eu*".[222] A filosofia orteguiana do *eu* da *circunstância*, "do ser *eu* às coisas e ser elas a mim",[223] torna-se possível porque cada eu tem a sua própria realidade. Ortega vê, assim, um *eu absoluto* onde nenhuma realidade fora dele pode romper a sua indissolubilidade. Não se trata do eu enquanto consciência, à maneira idealista, mas do *eu executivo*, isto é, o eu enquanto executor de seu ser.[224] O *eu* de Ortega não é um *eu* objetivado, um mero recebedor de impressões altivo em sua passividade. Uma coisa é pensar o *eu*, outra diferente é considerar o *eu* como coisa existente. Até então, explica Ortega,

---
219 *Id., Ibid.*
220 *Id., Ibid.*
221 FERNÁNDEZ ZAMORA, J. A. "El postmodernismo de Ortega y Gasset: La Superación de la Modernidad en 'Meditaciones del Quijote'." *Debats*, 124: 47, 2014 (Valência, Imprenta Provincial).
222 ORTEGA Y GASSET, J. *Obras Completas*, t. 1, p. 669.
223 SAN MARTÍN, J. *La Fenomenología de Ortega y Gasset*. Madri: Biblioteca Nueva, 2012, p. 182.
224 *Id., Ibid.*

a via do conhecimento humano consistia sobretudo dos conceitos que o homem formava da realidade. Porém, é preciso pontuar que a vida se compõe de uma intimidade originária que simplesmente se esvanece quando se busca compreendê-la mediante conceitos, pois, "a intimidade não pode ser objeto de ciência",[225] de conceitos, portanto. A verdadeira intimidade "é algo enquanto executa-se".[226]

O subjetivismo, visto como uma ditadura do *eu*, não passa de um grave equívoco, pois "consiste na suposição de que o mais próximo a mim sou eu mesmo – quer dizer, o mais próximo a mim enquanto conhecimento, é minha realidade ou eu enquanto realidade".[227]

O acesso ao *eu* não acontece de forma automática, pois traz consigo a capa do mistério. O meu *eu* tem para mim os mesmos segredos que tem para os outros, assim como os outros homens e coisas são também um mistério para mim.[228] O homem nada mais é que a sua própria intimidade, impenetrável por outro *eu*. Ao se deparar com o seu próprio *eu*, acessível somente a ele próprio, o homem percebe que está só no universo e que na essência mesma da intimidade do seu *eu*, experimenta a solidão, radical solidão.[229]

---

225 ORTEGA Y GASSET, J. *Obras Completas*, t. 1, p. 670.
226 *Id., Ibid.*
227 *Id., Ibid.*
228 *Id., Ibid.*
229 *Id. Obras Completas*, t. 8, p. 317.

6. A circunstância

Ortega está seguro de que sua descoberta da circunstância na vida humana marca profundamente a filosofia do seu tempo: "uma das mudanças mais profundas do século atual em relação ao XIX consiste no direcionamento da nossa sensibilidade para as circunstâncias".[230] Homem e circunstância fazem parte de uma única realidade, um não vive sem o outro. A intuição filosófica do *eu* e da *circunstância* em Ortega repercutiu de forma tão avassaladora em todo o seu pensamento a ponto de grande parte dele ficar em segundo plano: *eu sou eu e minha circunstância* é a frase que condensa a filosofia e obra de Ortega.[231] Ao discorrer sobre a circunstância, Ortega dá uma contribuição original à reflexão filosófica, pois tal empreitada "nunca foi antes utilizada como termo filosófico, e nem depois, sem referência a Ortega":[232]

> A circunstância! *Circum-stantia*! As coisas mudas que estão ao nosso redor! Muito próximas de nós, levantam suas tácitas fisionomias com um gesto de humildade e de desejo, como necessitadas de que aceitemos sua oferenda, envergonhadas pela aparente simplicidade de seu donativo.[233]

---

230 *Id. Obras Completas*, t. 1, p. 754.
231 ORRINGER, N. R. *Ortega y sus Fuentes Germánicas*. Madri: Gredos, 1979, p. 15.
232 ORTEGA Y GASSET, J. *Meditações do Quixote*. Comentários Julián Marias. Trad. Gilberto de Mello Kujawski. São Paulo: Livro Ibero-Americano, 1967, p. 202.
233 *Id. Obras Completas*, t .1, p. 754.

O homem se compõe com o ambiente em que vive, e é afortunado quando esse ambiente o favorece porque assim se realiza por inteiro e expande os seus limites.[234] Não se compreende o homem como um *eu isolado*, solto no mundo, absoluto. A circunstância é ainda mais autêntica quando não filtrada pela cultura. Ao ser espontânea e imediata, conserva um real significado: "vida individual, o imediato, a circunstância, são diversos nomes para uma mesma coisa: aquelas porções da vida em que não se extraiu o espírito que encerram, seu *logos*".[235] Ortega busca compreender a circunstância não como uma realidade passiva e inerte, mas como um entorno de coisas que podem facilitar ou dificultar a realidade do homem, que coexiste com elas.[236] Não existe uma prioridade do homem ou da circunstância, ambos trazem em si a sua importância. Não se entende o homem a partir do seu intelecto, da sua alma, ou da sua consciência, mas sim a partir do fato que ele se "encontra em um determinado mundo e com determinadas coisas".[237] Assim, o que o homem tem de concreto não é o mundo ou o universo, mas sua circunstância com seus inumeráveis conteúdos.[238]

O *ser* do homem está associado ao mundo, e os dois formam uma unidade na junção do *eu* e

---

234 Id. *Obras Completas*, t. 8, p. 255.
235 Id. *Obras Completas*, t. 1, p. 755.
236 Id. *Obras Completas*, t. 8, p. 440.
237 RODRÍGUEZ HUÉSCAR, A. *La Innovación Metafísica de Ortega* in *Ortega y su Tiempo*. Madri: Exposición organizada por el Ministerio de Cultura – Palacio de Velázquez del Retiro, mai.-jul. 1983, p. 54.
238 ORTEGA Y GASSET. *Obras Completas*, t. 8, p. 633.

circunstância. O *eu* somente pode ser compreendido se atado a uma *circunstância*, não existe jamais um *eu puro*, mas sempre um *eu circunstanciado*; existir é estar no mundo, que se configura imediatamente como um contorno para o homem: "eu e o mundo somos um para o outro".[239]

A vida do homem não é um projeto terminado ou fechado, ao contrário, confronta-se com um horizonte sempre aberto e se depara com as coisas que estão aí e se oferecem na mais pura generosidade. Cabe, portanto, ao homem reconhecê-las como parte da sua realidade, ou no vocabulário orteguiano, *circunstância*: "oferenda e projeto são os traços iniciais com que se esboça o diálogo entre a realidade circunstancial e o sujeito de quem é circunstância".[240]

O homem foi jogado no drama da vida, em um mundo em que se encontra prisioneiro, deixando-o perplexo. Neste cenário, é solicitado a realizar algo para que a trama continue, e assim se depara com um "repertório de possibilidades, de poder fazer isto ou aquilo".[241] Esse é o espaço de sua liberdade. Na trama da vida, não é permitido ao homem errar o alvo, pelo contrário, ele deve tomar decisões acertadas a cada momento,[242] o que é evidentemente impossível. Especificamente neste sentido, Ortega considera a circunstância um problema, pois, independente de

---

239 *Id. Obras Completas*, t. 8, p. 440.
240 *Id. Meditações do Quixote*. Comentários Julián Marias. Trad. Gilberto de Mello Kujawski. São Paulo: Livro Ibero-Americano, 1967, p. 207.
241 *Id. Obras Completas*, t. 8, p. 609.
242 *Ibid.*, p. 445.

qual for a circunstância, o homem deve continuar na trama da vida e acertar: "vida é o que fazemos – desde pensar ou sonhar ou nos comover, jogar na bolsa ou ganhar batalhas".[243] A vida é, sobretudo, um *que fazer*: "a vida é algo que fazer, é um *quehacer*; as coisas e o *eu* somente são elementos parciais e abstratos da minha vida; isto é o que eu faço com eles, um drama com um personagem, um argumento e um cenário, que chamo de minha vida".[244] Para Ortega, ocupar-se, ter um *quehacer* é realizar a própria vida. Isto vale para o homem, mas vale também para a nação: "um povo renasce de si mesmo quando se sente como uma nova empresa gigante e alegre na qual todos tem seu *quehacer*".[245]

Ortega exemplifica o que entende por circunstância citando o Porto de Guadarrama, que se situa nos limites de Madri. Aquele lugar geográfico compõe-se com a outra metade do seu ser, que, assim, o integra e o torna senhor de si. O madrilenho procura, ainda, fundamentar sua reflexão sobre a circunstância lembrando que a ciência natural do seu tempo considera o organismo vivo não só como um *corpo*, mas também como um *meio*, ambos necessitando um do outro. E, assim, o filósofo justifica a segunda parte de sua máxima no que tange à circunstância: "e se não a salvo, não me salvo eu".[246] Portanto, não

---
243 *Ibid.*, p. 501.
244 MARIAS, J. "La Metafísica de Ortega". *Revista de Estudios Orteguianos*, 12/13: 219, 2006 (Madri).
245 ORTEGA Y GASSET, J. *Obras Completas*, t. 8, p. 500.
246 *Id. Obras Completas*, t. 1, p. 757.

basta ao homem constatar conscientemente que está imerso em um mar de circunstâncias, mas é necessário salvá-las, ou seja, voltar um olhar qualificado para aquelas circunstâncias que estão diretamente ligadas a ele, frutos de sua escolha ou, até mesmo, obras do acaso. Cabe ao homem interpretar suas circunstâncias, pois isto o salva, o faz estar seguro.[247]

Com o circunstancialismo, Ortega se distancia definitivamente do idealismo que assimilara na Alemanha. Ao contrário do idealismo puro, que, sob a ótica de Ortega despreza o mundo sensível, a circunstância completa o sentido da vida compondo uma unidade com o sujeito: "o *eu* é o *eu*, porém também é sua circunstância, a qual deve salvar se quiser salvar a si mesmo".[248] O *eu* é inseparável da circunstância e não tem sentido à parte dela, mas, inversamente, a circunstância só se constitui em torno de um *eu*, e não de um *eu* qualquer, de um mero sujeito de atos e fazeres, e sim a um *eu mesmo*, capaz de entrar em si, pois "o homem tem a necessidade de unificar-se com o seu contorno para sentir-se 'dentro de casa'".[249] Em um artigo de 1911, antes de Ortega consagrar o termo *circunstâncias* em *Meditaciones del Quijote*, já afirmava:

> Mas o que são as circunstâncias? Somente estas cem pessoas, estes cinquenta minutos, esta

---
247 Id. *Obras Completas*, t. 8, p. 633.
248 FERNÁNDEZ ZAMORA, J. A.; HERRERAS MALDONADO, E. "Introducción: las Circunstancias de un Centenario". *Debats*, 124: 38, 2014 (Valência, Imprenta Provincial).
249 ORTEGA Y GASSET, J. *Obras Completas*, t. 8, p. 611.

> questão miúda? Toda circunstância está encaixada em outra mais ampla; por que pensar que me rodeiam somente dez metros de espaço? E o que circundam esses dez metros? Grave esquecimento, mísera torpeza, não fazer-se caso senão de umas poucas circunstâncias, quando na verdade nos rodeia tudo! Eu não simpatizo com o louco e o místico: alcança todo meu entusiasmo o homem que faz caso das circunstâncias.[250]

É justamente o confronto do sujeito com sua circunstância que possibilita seu "que fazer". Tanto o "eu" quanto o "mundo" são imanentes à vida, que se configura não como ser ou substância, ou seja, uma absoluta estabilidade, mas como uma gama de instabilidades que vão se impondo nas séries de circunstâncias que, ao mesmo tempo, abrem ao sujeito um vasto campo de possibilidades. Ortega vê a eventual liberdade para o homem limitada pela fatalidade de suas circunstâncias, já que essas se impõem. Por isso, o homem deve buscar sua liberdade "na folga e na margem oferecidas pela fatal circunstância".[251]

A vida do homem se configura no conjunto de inúmeras circunstâncias; ele está obrigado a não ser uma coisa só, como a pedra, por exemplo, que será sempre atraída para o centro da terra.[252] Para o homem, não é assim, nada está decidido para ele, que deve tomar todas as decisões e arcar com todas as consequências, uma vez que o mundo não o obriga a ser

---
250 *Id. Obras Completas*, t. 1, p. 561.
251 *Id. Obras Completas*, t. 8, p. 610.
252 *Ibid.*, p. 609.

somente uma coisa. Ao contrário da pedra, o homem é levado a enfrentar as circunstâncias que aparecem continuamente, o que comporta decisões a serem tomadas e que demandam um saber da parte do sujeito, possibilitando seu projeto de vida. Ao decidir por cada coisa, o homem deve justificar para si mesmo a sua escolha, e, portanto, deve ter consciência da situação atual da própria vida, e saber que, na realidade, tudo está conectado a partir do *eu* e da *circunstância*.

A circunstância é condicionante – negativa ou positiva –, das muitas possibilidades que permitem ao homem realizar o seu projeto: "as possibilidades não me estão dadas, mas resultam da iminência do meu projeto sobre as circunstâncias".[253] As possibilidades são infinitas e dadas continuamente, sendo limitadas pela circunstância. Nesse ponto, Ortega vê uma determinação relativa na correspondência entre o sujeito e suas possibilidades. Se o homem se deparasse apenas com infinitas possibilidades, não teria como decidir-se por nada, pois tudo seria pura indeterminação; é a circunstância que permite ao homem uma certa folga para se mover e assim tomar suas decisões. Essas decisões são tomadas tendo em vista um projeto de vida, é ele que permite ao homem fazer escolhas e, assim, realizar os fins a que se propôs: "sou eu quem tem que decidir, a cada instante, fazer uma coisa ou outra entre as que me são oferecidas ou propostas; tenho que ter um projeto

---
253 MARIAS, J. "La Metafísica de Ortega". *Revista de Estudios Orteguianos*, 12/13: 220, 2006 (Madri).

vital".[254] O projeto vital é o programa de vida, que constitui a existência do próprio homem.

O homem é integrado pelo *eu* e pela *circunstância*, e isso exige que ele tenha consciência de tudo o que o cerca, pois "todo viver é conviver com um entorno".[255] Um entorno que se mostra agradável ou desagradável, bom ou mau, favorável ou não. Ele "nos afeta, nos interessa, nos acaricia, nos ameaça e nos atormenta".[256] Portanto, a existência consiste em enfrentar a realidade e investir todo o esforço em torná-la plena, salvando as próprias circunstâncias.

A unidade do homem não está mais constituída dos conceitos de corpo e alma, herança da filosofia antiga e medieval: "eu não sou minha alma nem meu corpo; me encontro com eles como me encontro com a paisagem; são elementos da paisagem".[257] A verdadeira unidade do homem está no encontro do seu *eu* com a circunstância, isto é, o mundo: "sou as coisas do mundo que me são mais próximas, as que tenho que manejar mais imediatamente para viver".[258] Para Ortega, nascemos junto com o mundo, somos vitalmente pessoa e mundo, como os deuses dioscuros, Castor e Pólux, sempre juntos, sempre unânimes.[259]

Com efeito, Ortega afirma: "o homem rende o máximo de sua capacidade quando adquire a plena consciência de suas circunstâncias; por elas se

---

254 *Ibid.*, p. 220.
255 ORTEGA Y GASSET, J. *Obras Completas*, t. 8, p. 503.
256 *Id., Ibid.*
257 *Ibid.*, p. 509.
258 *Id., Ibid.*
259 *Ibid.*, p. 355.

comunica com o universo".²⁶⁰ A circunstância tem um peso fundamental na realidade do homem, ainda que, muitas vezes, ele não se dê conta disso e acabe por sofrer as consequências desse esquecimento. Ao tomar consciência de si e de sua circunstância, o homem também toma consciência que, diante de si, se configura um horizonte sempre aberto. Apenas assim ele tem uma maior compreensão da vida.

Em Ortega, *eu* e *circunstância* são elementos sem os quais não se pode compreender a vida, pois ela consiste sempre em um *eu* que vive em um entorno. Vida é um "coexistir com o qual consiste essencialmente meu existir".²⁶¹ Ao constatar o seu entorno, que é a circunstância, o homem é convidado à ação, a um *que fazer*, pois a vida é um *que fazemos*, um "encontrar-se a si mesmo no mundo e ocupado com as coisas e seres do mundo".²⁶²

Essa relação, *eu* e *circunstância*, não é nada simples. Antes, é preciso perceber na relação uma trama que se compõe, decompondo-se, e compondo-se de novo. Caberá ao homem organizar, ainda que minimamente, essa trama e imprimir uma relação de equilíbrio entre os dois polos essenciais da vida. É um fazer e um desfazer no jogo entre *eu* e o *mundo*. Tal hora o *eu* toma a dianteira, diante da circunstância. Outra hora, a preeminência é da circunstância. Ortega considera que este embate torna a vida

---

260 *Id. Obras Completas*, t. 1, p. 754.
261 *Id. Obras Completas*, t. 8, p. 422.
262 *Ibid.*, p. 502.

humana "essencialmente dramática",[263] pois, ao não ter uma rígida e inflexível circunstância, o homem se *pré-ocupa* de várias possibilidades que se vão lhe impondo. Assim, cabe ao homem buscar uma harmonia entre o *eu* e a *circunstância*. Essa harmonia tantas vezes fica comprometida ou, simplesmente, não acontece porque o mundo é um elemento estranho a mim, pois o homem não é o mundo, e, portanto, deve construir sua vida no mundo. De acordo com Ortega, isso significa para o homem "pura tarefa e puro problema".[264] O homem não tem outro caminho senão enfrentar tal tarefa, pois esta é sua verdade radical. A coexistência dessas duas realidades é a única forma de sua existência, pois "existir é primordialmente coexistir".[265] É um entregar-se ao mundo e constatar que eu não sou o mundo.

Para Ortega, a coexistência só pode ser bem compreendida sob o caráter de dinamicidade, jamais de passividade. É dinâmico o atuar do sujeito sobre o mundo, assim como também é dinâmica a forma como as coisas se colocam diante do homem. Sem o mundo, o sujeito é vazio, sem o sujeito, o mundo é cego. *Eu* e *mundo* se configuram como polos máximos da realidade, uma vez que um não se dá sem o outro: "minha vida não sou eu somente, viver é também mundo".[266] O mundo coexiste comigo

---

263 BENÍTEZ, J. "El Ortega que Conocí". *Revista de Estudios Orteguianos*, 21: 177, 2010 (Madri).
264 ORTEGA Y GASSET, J. *Obras Completas*, t. 8, p. 641.
265 *Ibid.*, p. 349.
266 *Id., Ibid.*

"apertando-me, manifestando-se, entusiasmando-me, angustiando-me".[267]

7. Perspectivismo e ponto de vista

Para Ortega, a realidade se dá em perspectiva e, em perspectiva, o homem a acolhe; ninguém acolhe a realidade em sua totalidade, pois ela tem "infinitas perspectivas, todas igualmente verídicas e autênticas".[268] Aquela perspectiva que pretende ser a única forma de se considerar a realidade é totalmente falsa, a exemplo dos egípcios que "pensavam que o Vale do Nilo era todo o mundo".[269] O homem tem a ver com uma realidade que é multifacetada, pois, "não existe mais que partes na realidade". A bem da verdade, "o todo é a abstração das partes e necessita delas".[270]

Assim, da mesma forma como procura superar o idealismo e o realismo com o raciovitalismo, Ortega tenta superar a doutrina da substância da tradição antiga e medieval pelo perspectivismo. As categorias usadas para explicar as realidades, tais como substância, acidente, forma e matéria, etc., devem ser substituídas pelo perspectivismo. É preciso abrir-se à convicção de que "o ser definitivo do mundo não é nem a matéria e nem a alma, não é coisa alguma

---

267 *Ibid.*, p. 344.
268 *Id. Obras Completas*, t. 3, p. 614.
269 *Id. Obras Completas*, t. 1, p. 756.
270 *Id., Ibid.*

determinada, senão uma perspectiva".[271] Essa intuição de Ortega "nos situa a cem léguas de todo o subjetivismo, de toda redução do real ao sujeito que o conhece".[272] Isso por que a apreensão do real não depende de um único sujeito ou de um único ponto de vista. A perspectiva organiza e constitui toda a realidade, que carecia de sentido sem ela, pois a realidade "só existe como tal perspectivamente".[273] No *perspectivismo* cada coisa guarda o seu valor, uma vez que a compreensão se dá pela relação entre elas.

O homem somente pode considerar o mundo em perspectiva a partir de suas circunstâncias, ainda que essas sejam mais restritas em relação àquelas. Isso porque o "conhecimento do mundo somente se dá a partir de uma instância concreta e de tudo aquilo que cerca essa instância".[274] Assim, se para Ortega, a perspectiva é o modo de ser do real, é a partir da circunstância na qual o homem está inserido que o real é apreendido.

Se, para Ortega, o que vale é a perspectiva oriunda de cada olhar, ou seja, a realidade que se "oferece em perspectivas individuais e cada homem é um ponto de vista da realidade",[275] então a realidade assim considerada seria relativa? A resposta que o

---

271 *Id., Ibid.*
272 *Id. Meditações do Quixote*. Comentários Julián Marias. Trad. Gilberto de Mello Kujawski. São Paulo: Livro Ibero-Americano, 1967, p. 217.
273 *Id., Ibid.*
274 FERNÁNDEZ ZAMORA, J. A.; HERRERAS MALDONADO, E. "Introducción: las Circunstancias de un Centenario". *Debats*, 124: 38, 2014 (Valência, Imprenta Provincial).
275 MOLINUEVO, J. L. *Para Leer a Ortega*. Madri: Alianza, 2002, p. 120.

filósofo dá surge do confronto entre o racionalismo, que utiliza a máscara da verdade científica, e sua teoria raciovitalista, que preserva a razão e indica a vida como realidade radical.

Ele descarta o relativismo pelo risco de "desvanecer o valor objetivo da cultura para dar lugar à vida",[276] e, ao mesmo tempo, alerta que não se pode cair em um racionalismo absoluto, rejeitando a vida e toda a sua instabilidade. Mas, se as ideias são absolutamente estáveis, como quer o racionalismo, como pode o sujeito possuí-las, tê-las dentro de si? Pois, segundo Ortega, para os racionalistas, "somente é possível o conhecimento se a realidade puder penetrar no sujeito sem a menor deformação". Sendo assim, "o sujeito tem, pois, que ser um meio transparente, sem peculiaridade ou cor alguma, ontem igual a hoje e amanhã, portanto, ultravital e extra-histórico".[277] Este não é o sujeito real, que traz consigo a vida com toda a instabilidade do tempo e da história. Estariam então com a razão aqueles que afirmam o relativismo, uma vez que, "ao entrar no sujeito a realidade se deformaria, e esta deformação individual seria o que cada ser tomasse por realidade"?[278] Para Ortega, entretanto, é preciso negar tanto o racionalismo quanto o relativismo, pois, o sujeito nem é um "meio transparente, um *eu puro*, idêntico e invariável", e nem "sua recepção da realidade [por ser instável] produz

---

276 ORTEGA Y GASSET, J. *Obras Completas*, t. 3, p. 611.
277 *Ibid.*, p. 612.
278 *Id., Ibid.*

estas deformações".[279] O sujeito do conhecimento não é passivo diante da realidade, mas seletivo, e "dos infinitos elementos que integram a realidade deixa passar um certo número deles",[280] descartando outros. Cada sujeito, no seu aparato intelectual, tem a "compreensão de certas verdades e está condenado a inexorável cegueira para outras".[281]

Se o grego socrático percebesse do universo o mesmo que percebe um homem do nosso tempo, a própria realidade do universo estaria comprometida, pois tal coincidência deporia contra a própria realidade, uma vez que não se trataria de uma "realidade externa a eles, e sim de uma imaginação que por azar se produziria identicamente em dois sujeitos".[282] Como a percepção da realidade para o homem se dá em perspectiva, segundo Ortega, é evidente que aquilo que o grego assimilou do universo seja bem diferente do que assimila um homem de hoje. O que dá condições de Ortega afirmar que "cada vida é um ponto de vista sobre o universo".[283] O que um sujeito vê é diferente do que o outro vê. Cada pessoa com sua própria compreensão de mundo é importante para se chegar até a verdade; cada olhar em perspectiva compõe a verdade de sua época.

Os homens olham para a mesma paisagem e percebem com mais precisão o aspecto em que deposi-

---

279 *Id., Ibid.*
280 *Id., Ibid.*
281 *Ibid.*, p. 613.
282 *Id., Ibid.*
283 *Id., Ibid.*

tam o foco de sua atenção. Um dará mais atenção a tal aspecto percebendo com vigor os seus detalhes; outro, desprezará esse mesmo aspecto, para ele, obscuro e confuso, e se deterá em outros. Como cada coisa jamais se dá em totalidade, o que desta realidade chega para um, pode não chegar para o outro. Assim, "teria sentido cada um declarar falsa a paisagem do outro? Evidentemente, não; tão real é uma como a outra".[284] Fica claro que, para Ortega, a apreensão da verdade se concretiza, sobretudo, em perspectiva. E só se pode falar de conhecimento a partir de um ponto de vista determinado.[285] É preciso levar em conta o ponto em que cada sujeito se encontra, pois, "a perspectiva é um dos componentes da realidade".[286] Ou a realidade é vista sob perspectiva, ou ela se mostra absurda, uma vez que será sempre idêntica.

O perspectivismo permite uma reforma radical na filosofia, e refuta uma "verdade não localizada, vista a partir de lugar nenhum".[287] Se o subjetivismo impedia a apreensão da verdade de modo universal e objetivo, agora com o perspectivismo descobre-se que o subjetivismo não impede a objetividade, mas a complementa. Mundos divergentes não se anulam mutuamente. A realidade diferente que cada um vê não é falsidade ou ficção: "essa divergência não é contradição, e sim, complemento".[288] A filosofia da

---

284 *Id., Ibid.*
285 *Id., Ibid.*
286 *Id., Ibid.*
287 *Ibid.*, p. 614.
288 *Ibid.*, p. 613.

vida proposta por Ortega, vem ao encontro do perspectivismo, pois é uma filosofia de mobilidade e força de transformação.[289]

Outras correntes filosóficas, tais como o idealismo, tem a "ingênua ilusão de ter descoberto toda a verdade".[290] Aqui se está diante de um cenário artificial em que tudo parece estar resolvido e, quando o sujeito desperta do sonho idealista, percebe que aquele mundo não era o verdadeiro. O movimento que Ortega propõe é o contrário: radicar a razão na vida, e, assim, vê-la como perspectiva.[291] Cada geração, com a sua carga de conhecimento e cultura, dá a sua contribuição para uma visão integral da realidade. Trata-se de uma articulação de diversos pontos de vista, onde "cada indivíduo é um ponto de vista essencial, e, na justaposição das visões parciais é possível tecer a verdade irrestrita e absoluta".[292]

8. Teoria do conceito

Em sua teoria do conceito, Ortega classifica o homem em dois tipos: o sensual e o meditativo. É por meio deles que Ortega explica os conceitos de "superfície" e "profundidade". O homem sensual vive no nível das aparências, satisfazendo-se com a realidade compreendida apenas como sensível; o

---

289 *Id., Ibid.*
290 *Ibid.*, p. 616.
291 MOLINUEVO, J. L. *Para Leer a Ortega*. Madri: Alianza, 2002, p. 120.
292 ORTEGA Y GASSET, J. *Obras Completas*, t. 3, p. 613.

homem meditativo tem como meta um conhecimento mais amplo da realidade, uma profundidade, que se pode atingir mediante os conceitos, uma vez que "o conceito é o órgão da profundidade".[293] Ortega vê no espanhol o homem sensual, não afeito à organização da sociedade através de conceitos – é o tipo de homem que Ortega quer extinguir da Espanha –, em seu lugar propõe o homem nórdico, que valoriza a profundidade e o conceito.

O homem sensual tem como limite a singularidade das coisas, que, para Ortega, é a forma mais pobre de se considerar a realidade, pois, uma coisa em seu isolamento é "pobre, estéril e turva".[294] O homem meditativo considera a realidade como a relação que todas as coisas guardam entre si, captadas mediante o conceito; essa é a profundidade de algo e o elo de reflexo das demais coisas.[295] Profundidade é empreender uma compreensão da realidade que escapa aos sentidos, é fugir da fria materialidade do objeto e procurar o seu sentido na "sombra mística que sobre ele verte o resto do universo".[296]

As coisas são melhor compreendidas quando guardam relação umas com as outras e não estão isoladas: "se desejam como machos e fêmeas; se amam e aspiram se casar, se juntarem em sociedades, em organismos, em edifícios, em mundos".[297]

---

293 *Id. Obras Completas*, t. 1, p. 781.
294 *Ibid.*, p. 782.
295 *Id., Ibid.*
296 *Ibid.*, p. 784.
297 *Id., Ibid.*

Ortega prospecta a intensa relação que une todas as coisas, percebe que cada uma delas traz em si um reflexo da outra; coexistem e se autocompreendem. Esta é a estrutura da realidade em sua profundidade, uma interdependência e coexistência das coisas em suas múltiplas e variadas relações. Cada coisa, considerada em relação com outra, a limita e ao mesmo tempo se limita. O conceito define o limite de cada coisa e sua relação com as demais: "graças ao conceito, as coisas se respeitam mutuamente e podem se unir sem invadir umas às outras".[298]

O conceito estrutura e organiza a realidade, mas jamais poderá substituir a vida que é a realidade radical. Ele não pode substituir a realidade material, como se fosse uma nova coisa. Além do mais, Ortega tem deixado bastante claro que "a razão não pode, não tem que aspirar a substituir a vida".[299] Portanto, o conceito não é uma nova realidade, uma *res*, mas sim um aparato da própria percepção, para a possessão das coisas.[300] Sem o conceito não se saberia onde começaria e onde terminaria cada coisa, pois é o conceito que indica o lugar de cada uma delas. A pura sensibilidade é fugidia; assim, o conceito, ao estruturar a realidade na definição que faz de cada coisa, as fixa, entregando-as a nós completamente prisioneiras.[301]

---
298 *Ibid.*, p. 783.
299 *Ibid.*, p. 784.
300 *Ibid.*, p. 794.
301 *Id. Obras Completas*, t. 1, p. 784.

Diferente da sensibilidade, o conceito jamais nos entrega "a carne das coisas".[302] Por sua vez, a sensibilidade jamais nos entrega o mesmo que o conceito: "a forma, e o sentido físico e moral das coisas".[303] Para entender a realidade em plenitude, o caráter instrumental do conceito é fundamental, pois, somente com ele se pode apreendê-la. Pensar é apoderar-se das coisas: "o conceito, órgão da profundidade, por sê-lo também da possessão, permite a segurança, condição do progresso, do avanço para conquistas superiores".[304] O problema de uma cultura calcada preponderantemente nas impressões sensíveis é não se preocupar com o apoderamento das coisas, a exemplo do conceito, e, assim, acaba destinada a um eterno recomeçar. Este é o drama pelo qual passa a Espanha. A cultura calcada na sensibilidade, no homem sensual, não é progressiva e, portanto, viverá sempre na descontinuidade, com saltos de progresso sempre isolados, intermitentes: "todo gênio espanhol recomeça a partir do caos, como se nada tivesse ocorrido antes".[305]

O conceito assegura a estabilidade da cultura, toma posse da realidade e a estabiliza, dotando-a de claridade e de sentido. O conceito possibilita o *saber a que ater-se*. O sujeito só tem condições de *ater-se* ao que é estável e deve simultaneamente ter a claridade de saber *a que ater-se*.

---

302 *Id., Ibid.*
303 *Id., Ibid.*
304 *Id. Meditações do Quixote.* Comentários Julián Marias. Trad. Gilberto de Mello Kujawski. São Paulo: Livro Ibero-Americano, 1967, p. 294.
305 *Id. Obras Completas*, t. 1, p. 785.

A realidade permite uma claridade de impressão em tudo aquilo que tange aos sentidos e permite uma claridade de meditação no que se refere ao conceito. As duas claridades andam juntas e não há razão para Miguel de Unamuno propor apenas uma quando afirma: "se fosse impossível que um povo acolha ao mesmo tempo Descartes e São João da Cruz, eu ficaria com esse".[306] Em Ortega, não mora apenas o espanhol, mas também o germânico, e ambos devem buscar uma conciliação. "Não me obriguem a ser apenas espanhol",[307] escreve Ortega, pois no mais profundo de sua alma mora o "loiro germânico, meditativo e sentimental",[308] e sua tarefa é colocar "paz entre seus dois homens interiores".[309]

Ortega quer apaziguar, por meio de sua metafísica, o homem mediterrâneo e homem germânico. O primeiro traz consigo a claridade da sensualidade, o segundo, a claridade do conceito. Enquanto a claridade da sensualidade encontra o seu sentido no mundo da sensibilidade, a claridade do conceito "significa tranquila possessão espiritual, domínio suficiente da nossa consciência sobra as imagens".[310]

Existe uma estreita ligação entre conceito e cultura. Em uma sociedade onde se preconiza a claridade de meditação, a fecundidade cultural

---

306 UNAMUNO, M. "De Unamuno". *ABC*, Madri, 15 set. 1909, p. 10. Disponível em: http://www.filosofia.org/hem/dep/abc/9090915.htm.
307 ORTEGA Y GASSET, J. *Obras Completas*, t. 1, 787.
308 *Id., Ibid.*
309 *Id., Ibid.*
310 *Ibid.*, 788-789.

estará assegurada, pois, a segurança se concretiza mediante o conceito. Carece de claridade "a arte, a ciência e a política espanhola".[311] Pela claridade do conceito, o homem afasta-se da contradição que o viver em sua essência representa. Possibilitar o *saber a que ater-se* é uma forma de ordenar a vida espontânea que quer ter livre acesso a tudo, e não quer que ninguém a detenha. Portanto, "ciência, arte, ação, constituem modos de interpretação e, por conseguinte, de certeza; maneiras diversas de saber a que se ater, de introduzir ordem na vida espontânea, ou, o que é o mesmo, de buscar seu *logos*, seu sentido".[312]

A claridade se reveste como uma vocação antropológica, que brota da intimidade mais profunda do sujeito. O homem anseia pela claridade rejeitando toda realidade que se mostra obscura; ele clama por luz: "dentro de seu peito se levanta perpetuamente uma imensa ambição de claridade. Não é vida, é plenitude da vida".[313] Progredir na claridade é missão e tarefa do homem, e, para executá-la bem, Ortega destaca, mais uma vez, a importância do conceito, que ele vê como um elemento ampliador da própria vida: "claridade dentro da vida, luz derramada sobre as coisas, é o conceito".[314] Claridade e conceito ampliam a vida, dilatam a realidade.

---

311 *Ibid.*, p. 788-789.
312 *Id. Meditações do Quixote.* Comentários Julián Marias. Trad. Gilberto de Mello Kujawski. São Paulo: Livro Ibero-Americano, 1967, p. 299.
313 *Id., Ibid.*
314 *Ibid.*, p. 788.

Em Ortega, a claridade se torna sinônimo de uma visão intelectiva da realidade. Platão está absolutamente correto quando afirma que "não olhamos com os olhos, mas sim com os conceitos".[315] Através da claridade, o latente pode vir à tona, mostrar-se, revelar-se. Daí obtém-se a realidade em sua mais completa unidade: o latente e o patente, a claridade de impressão e a claridade de meditação, o mediterrâneo e o germânico. Essa unidade da realidade representa a circunstância em toda a sua inteireza. Mas, para que ela possa estar aí, é necessário integrar a impressão e o conceito. É necessário manter a marca cultural dos espanhóis, o impressionismo, porém, sem abdicar do conceito: "eu não proponho nenhum abandono, mas sim o contrário: uma integração".[316] O espanhol tem muito a agregar assimilando a grande herança de uma realidade meditativa própria da Europa não mediterrânea.

9. Latente e patente: os dois níveis de realidade

O discurso sobre o bosque,[317] nas *Meditaciones del Quijote*, descortina o núcleo fundamental da filosofia raciovitalista de Ortega pois tenta mostrar que o "bosque não é uma realidade física, mas uma realidade vivida".[318] Nessa sua primeira obra, considerada

---
315 *Ibid.*, p. 788-789.
316 *Id. Obras Completas*, t. 1, p. 790.
317 *Ibid.*, p. 764.
318 SAN MARTÍN, J. *La Fenomenología de Ortega y Gasset*. Madri: Biblioteca Nueva, 2012, p. 92.

de transição do idealismo para o vitalismo, "Ortega investiga o modo de apresentação das realidades cujo sentido transcende o que os aparatos sensoriais como a vista, falando em sentido estrito, não nos dão, por exemplo, um bosque".[319] Analisando o bosque que o circunda, Ortega conclui que a realidade se dá em dois níveis: o latente e o patente. O mundo patente é o conjunto de impressões; basta abrir os olhos para constatá-lo. O mundo latente é um "transmundo, o conjunto de estruturas das impressões".[320]

Ao constatar o bosque, Ortega passa a refletir: "com quantas árvores se faz uma selva? Com quantas casas, uma cidade?".[321] A existência das árvores obriga a perguntar pelo bosque. E chega-se à conclusão que o bosque verdadeiro se compõe das muitas árvores que não se vê, assim, "o bosque é uma natureza invisível".[322] Conceitos como selva e cidade remetem à *profundidade*, já tratada por Ortega. Para se manifestar, a profundidade deve converter-se em superfície.

O bosque, de sua paisagem, não mostra nada de maneira evidente ou direta, apenas acena, mostra indiretamente, exigindo do sujeito uma postura ativa. O mesmo vale para quem propõe ensinar a verdade. Tal como o bosque, não deve mostrar nada diretamente, mas apenas aludir à realidade que reputa verdadeira. Apenas é preciso aludir a verdade com um breve gesto, necessário somente

---
319 *Ibid.*, p. 92.
320 *Ibid.*, p. 100.
321 ORTEGA Y GASSET, J. *Obras Completas*, t. 1, p. 764.
322 *Id., Ibid.*

para que "cheguemos nós mesmos até os pés da nova verdade".[323] A verdade mantém sua iluminação apenas em um primeiríssimo momento, aquele do seu descobrimento, da sua revelação ou desvelamento. Somente nesse momento original ela é *alétheia, apocalipsis*. Para que a verdade possa cumprir sua primeira missão, a de surpreender, é necessário que aquele que busca ensinar a verdade "nos situe de modo que a descubramos nós mesmos".[324] Dessa maneira, a verdade pode sempre surpreender, antes de mais uma vez enrijecer-se, pois, uma vez adquirida, a verdade se cristaliza e, assim, passa ser mera receita: "a verdade autêntica está no primeiro momento, não no segundo, por isso não se pode ensiná-la, cada um é que deve chegar a ela e conquistá-la".[325] Da mesma maneira que deve haver empenho para se chegar à verdade, é preciso também esforço da parte do sujeito para chegar à realidade latente, profunda. Ortega se vale de sua teoria da verdade para dar conteúdo à teoria da profundidade e do transmundo.[326]

Ao caminhar pelo bosque, o filósofo vivencia o bosque se decompondo, fugindo. Essa "é a forma dinâmica e sucessiva da latência. Não só o bosque é ou está latente, como sua latência acontece ativamente no fugir dos olhos".[327] O patente é o mundo

---

323 *Ibid.*, p. 768-769.
324 *Ibid.*, p. 769.
325 SAN MARTÍN, J. *La Fenomenología de Ortega y Gasset*. Madri: Biblioteca Nueva, 2012, p. 101.
326 *Id., Ibid.*
327 ORTEGA Y GASSET, J. *Meditações do Quixote*. Comentários

dos sentidos que se impõe com violência ao sujeito e não se pode evitá-lo, "está aí de modo irremediável como uma pantera que nos assalta".[328] O latente, pelo contrário, é aquilo que ainda não foi desvelado, é um ausente-presente, pode fazer a sua erupção ou não. Ortega afirma: "o bosque está sempre um pouco mais além de onde nós estamos. Acaba de partir de onde estamos e deixa apenas sua marca ainda fresca".[329] O que conseguimos apreender do bosque é sempre uma pequena amostra de sua verdadeira realidade, que se esconde. Ele não é a soma das árvores, mas uma estrutura de planos e profundidades que formam um horizonte. Portanto, o bosque não é uma certeza, mas uma possibilidade continuamente a ser verificada, pois, "a latência requer certa patência para estar latente, para ser atual latência com efetiva realidade vital; essa patência, por sua vez, não se esgota em si mesma, pois sua função é remeter ao latente".[330] O latente se manifesta no patente, "late, imerso no patente".[331]

Por ser invisível, o latente não traz uma negatividade enquanto não se manifesta; é apenas durante sua manifestação que completa o sentido daquilo que já está patente: "os dados da sensação estão

---

Julián Marias. Trad. Gilberto de Mello Kujawski. São Paulo: Livro Ibero-Americano, 1967, p. 242.
328   *Ibid.*, p. 180.
329   *Id. Obras Completas*, t. 1, p. 764.
330   *Id. Meditações do Quixote*. Comentários Julián Marias. Trad. Gilberto de Mello Kujawski. São Paulo: Livro Ibero-Americano, 1967, p. 244.
331   FERNÁNDEZ ZAMORA, J. A.; HERRERAS MALDONADO, E. "Introducción: las Circunstancias de un Centenario". *Debats*, 124: 38, 2014 (Valência, Imprenta Provincial).

impregnados de toda uma dimensão latente atrás deles, o que dá profundidade ao mundo".[332] Por isso, o latente traz consigo uma positividade "que transforma a coisa, faz dela algo novo", assim, "o bosque é o latente enquanto tal".[333]

Para manifestar-se, deve vir à superfície o profundo que se deseja revelar: ou o latente se manifesta na superficialidade ou continua latente. Portanto, o que era latente, ao se manifestar, se torna patente. Para Marias, "trata-se de um princípio estrutural, tanto da realidade quanto do conhecimento".[334] O bosque traz consigo, simultaneamente, o patente e o latente, de forma que o bosque é mais do que a soma das árvores, apresentando um nível de profundidade que lhe dá o seu próprio sentido. É uma realidade que transcende os sentidos, pois, no latente revela o que os sentidos escondem. Assim, a atenção do sujeito deve se direcionar sempre para o que está latente, ou seja, para o mais profundo, aquilo que em um primeiro momento se demonstra como patente ou superficial, pois, "ao profundo é essencial ocultar-se detrás da superfície e apresentar-se somente através dela, latente sob ela".[335] Fazer essa operação significa mergulhar na realidade, aprofundando-se, e, dessa forma, buscar a realidade radical em sua latência. São

---
332 SAN MARTÍN, J. *La Fenomenología de Ortega y Gasset*. Madri: Biblioteca Nueva, 2012, p. 99.
333 ORTEGA Y GASSET, J. *Obras Completas*, t. 1, p. 765.
334 *Id. Meditações do Quixote*. Comentários Julián Marias. Trad. Gilberto de Mello Kujawski. São Paulo: Livro Ibero-Americano, 1967, p. 240.
335 *Id. Obras Completas*, t. 1, p. 766.

duas visões de mundo: a patente, visível e imediata; e a latente, invisível e profunda.[336]

Segundo Ortega, a profundidade, que pode ser entendida como interioridade, se dá na terceira dimensão de todo e qualquer objeto. Evidentemente, a terceira dimensão não pode ser acessada pelo sujeito por meio dos sentidos. Tentar imaginar um objeto finíssimo – uma lâmina, por exemplo – a ponto de restar patente sua terceira dimensão não é possível: tanta finura poderia findar em uma transparência que daí equivaleria ao nada: "com os olhos vemos uma parte da laranja, porém, o fruto inteiro não se apresenta nunca em forma sensível".[337] Assim, é também com o bosque que possui uma dimensão que não é captada pelos sentidos: "por sua natureza fugitiva, ausente, oculta, não temos inteira a ideia de bosque".[338]

O latente, para existir para nós, deve se apresentar sem perder sua qualidade de profundidade. Mas como isso ocorre em uma realidade que se mostra patente, e ao latente, quando se manifesta, só resta tornar-se superficial, perdendo assim sua característica? Ortega busca a resposta para tal questão, valendo-se dos vários sons que se ouve vindo do bosque, tais como o canto do verdilhão e das águas que fluem no riacho, e outros sons que se fazem ouvir. Para Ortega, é o homem a distinguir

---

336 FERNÁNDEZ ZAMORA, J. A.; HERRERAS MALDONADO, E. "Introducción: las Circunstancias de un Centenario". *Debats*, 124: 38, 2014 (Valência, Imprenta Provincial).
337 ORTEGA Y GASSET, J. *Obras Completas*, t. 1, p. 766.
338 *Ibid.*, p. 767.

os sons. Ao receber passivamente em sua audição sons distintos, não há como diferenciá-los. Mas, se o homem o faz de forma ativa, com um ato próprio, empenhando-se para dar um valor espacial à qualidade sonora dos sons que lhe chegam, a distinção então se faz possível.[339]

Por meio de seu ato, o sujeito distingue os sons que lhe chegam distantes, de forma que é o ato do sujeito que o faz distinguir a profundidade da superfície. Para Marias, "aqui se formula pela primeira vez, nitidamente, em forma madura, a teoria orteguiana da interpretação do real como maneira efetiva pela qual o real é vivido, quer dizer, como realidade vital, que reclama e inclui minha cooperação".[340]

A conclusão do pensamento permite a Ortega estender os conceitos de patente e latente, junto aos conceitos de superfície e profundidade. *Patente – superfície*, é o mundo que está aí, bastando abrir os olhos para constatá-lo, é o mundo das impressões. *Latente – profundidade*, é o mundo que também está aí, que Ortega denomina um *transmundo*; não é menos real, pelo contrário, é tão claro como o superficial, apenas demanda um esforço maior para que o sujeito possa captá-lo.

Diante das características físicas do bosque, o sujeito pode ter uma postura meramente passiva ao que se configura como o primeiro plano da realidade. Porém,

---
339 *Id. Obras Completas*, t. 1, p. 768.
340 *Id. Meditações do Quixote*. Comentários Julián Marias. Trad. Gilberto de Mello Kujawski. São Paulo: Livro Ibero-Americano, 1967, p. 246.

a realidade não se esgota ali. Dotado de postura ativa, o sujeito pode acessar o segundo plano da realidade, a profundidade, que na metáfora do bosque significa a realidade que não se mostra imediatamente ao sujeito. É exatamente essa realidade que Ortega chama de *escorzo*, que é o orgão da profundidade: "no *escorzo*, a superfície se dilata na profundidade".[341] Deslocando essa intuição para o mundo da cultura, Ortega destaca que "a ciência, a arte, a justiça, a cortesia, a religião, são órbitas da realidade que não invadem barbaramente nossa pessoa, como fazem a fome e o frio",[342] portanto, são elementos que devem ser conquistados.

Para compreender exaustivamente a realidade, é preciso lançar mão de um olhar ativo, interpretativo. Parte da realidade demanda um esforço para ser percebida por parte do sujeito, exige um ver ativo, um olhar diferente do direcionado ao mundo sensível, e, assim, Ortega lança os conceitos de *ver passivo* e *ver ativo*: o ver ativo interpreta vendo e vê interpretando, é "uma visão que vai além do estritamente dado".[343]

O ver ativo, que é um ver intelectivo, recorre à visão como órgão do sentido, considerada um ver passivo. O ver intelectivo vê interpretando o mundo sensível, pois "a visão é interpretativa, e a interpretação é perceptiva".[344] Com o seu olhar ativo e interpretativo,

---

341 *Ibid.*, p.103.
342 *Ibid.*, p. 769.
343 SAN MARTÍN, J. *La Fenomenología de Ortega y Gasset*. Madri: Biblioteca Nueva, 2012, p. 102.
344 ORTEGA Y GASSET, J. *Meditações do Quixote*. Comentários Julián Marias. Trad. Gilberto de Mello Kujawski. São Paulo: Livro Ibero-Americano, 1967, p. 256.

o sujeito vai construindo sua inteira realidade, o que faz Ortega ver o homem "como fabricante do mundo".[345]

O ver intelectivo vai além do patente, descobre o latente. Completa a realidade com suas dimensões transcendentes aos dados dos sentidos, desde a terceira dimensão espacial da laranja até a última de qualquer realidade criada, que é Deus".[346]

Ao ver uma cor desbotada é possível imaginar a cor intensa que já foi, ver o seu passado, descobrir a verdadeira "cor e sua história, sua hora de esplendor e sua presente ruína".[347] Em Ortega, percebe-se na superfície, quando esta se dilata em um sentido profundo, pelo ver ativo, a sua segunda vida, o *escorzo* ou vida virtual.[348] O *escorzo* se apresenta também como um ver mais profundo e, mais que um ato da pura sensibilidade, é um ato intelectual. É o órgão da profundidade visual, onde a "simples visão está fundida em um ato puramente intelectual".[349] É um constitutivo da realidade tomada em sua totalidade, e é um conceito importante "porque encerra em si mesmo as duas vertentes da percepção e da intelecção, a visão e o visto".[350]

Em suma, a realidade, em Ortega, se compõe de dois planos. O mais profundo é o que demanda um esforço maior do sujeito, uma visão mais qualificada,

---

345 *Ibid.*, p. 257.
346 *Id. Meditações do Quixote*. Comentários Julián Marias. Trad. Gilberto de Mello Kujawski. São Paulo: Livro Ibero-Americano, 1967, p. 257.
347 *Id. Obras Completas*, t. 1, p. 769.
348 *Id., Ibid.*
349 *Id., Ibid.*
350 *Id. Meditações do Quixote*. Comentários Julián Marias. Trad. Gilberto de Mello Kujawski. São Paulo: Livro Ibero-Americano, 1967, p. 259.

e, aqui, como se viu, entendida como *escorzo*: "a realidade é o que se mostra sensivelmente – o patente – mais a rede que marca os limites das coisas, a rede conceitual que conecta uma coisa com as outras e que mantém a conexão do todo – o latente".[351]

---
351 SAN MARTÍN, J. *La Fenomenología de Ortega y Gasset*. Madri: Biblioteca Nueva, 2012, p.180.

III.
Em cena, o homem

Ortega, considerado o filósofo das circunstâncias, não poderia esquecê-las para forjar sua filosofia. O fato de ter nascido na Espanha e feito sua formação filosófica inicial em universidades alemãs, é circunstância fundamental que deve ser levada em consideração para se compreender seu pensamento: "o contato entre o sol mediterrâneo e o clima mental nórdico alemão – e a fecunda tensão nascida deste contato – é um dos pressupostos biológicos da obra intelectual de Ortega".[1] Outras circunstâncias que marcadamente influenciam a filosofia de Ortega são os graves eventos nacionais e internacionais de seu tempo, tais como o auge do franquismo, do fascismo e do nazismo na Europa, e o crescimento de uma cultura de massas nos Estados Unidos, que o faz detectar, no bojo da sociedade, a aparição do homem-massa e a consequente degeneração do ideal democrático.[2] Assim nasce o homem orteguiano; é para ele que Ortega pensa a vida como realidade radical, um projeto, um *quefazer*.[3] A tentativa de Ortega foi consi-

---

1 CURTIUS, E. R. "Ortega". *Revista de Estudios Orteguianos*, 5: 194, 2002 (Madri).
2 FONCK, B. "Argentinidad y Europeísmo en Ortega: Dos Miradas Complementarias". *Revista de Estudios Orteguianos*, 29: 121, 2014 (Madri).
3 RABI, L. "Reflexiones sobre la Cultura Burguesa: La Ética de José Ortega y Gasset". *Revista de Estudios Orteguianos*, 31: 92, 2015 (Madri).

derada uma antropologia metafísica,[4] pois se trata de uma teoria da vida onde o homem deve encontrar um caminho próprio para sua autorrealização.[5]

Para uma melhor compreensão de Ortega, é preciso vincular sua antropologia mais à metafísica do que ao seu pensamento político porque, em seus escritos, se encontra um pensamento sobre o homem melhor delineado como um fato da filosofia do que como um fato da sociologia. Além do mais, detectar o perfil político do filósofo madrilenho é difícil, uma vez que "nada em Ortega tem uma só dimensão",[6] sendo ele dono de um "ciclo de escritura filosófica complexo, heterogêneo, disperso".[7] Essa carência de uma maior sistematização em seu pensamento político contribuiu para que Ortega fosse "interpretado como socialista, liberal socialista, socialista liberal, liberal-progressista, liberal-conservador, protototalitário e totalitário",[8] o que talvez se deva ao fato de grande parte da filosofia de Ortega ter sido publicada sob forma de capítulos em revistas e jornais da época, e, assim, muito do que Ortega escreveu se deve ao calor da hora, à urgência das máquinas tipográficas, à necessidade de vender jornais.[9]

---

4 CSEJTEI, D. "La Presencia de Ortega y Gasset en la Obra de István Bibó". *Revista de Estudios Orteguianos*, 2: 204, 2001 (Madri).
5 SANMARTIN ARCE, J. "La Ética de Ortega: Nuevas Perspectivas". *Revista de Estudios Orteguianos*, 1: 154, 2000 (Madri).
6 GRACIA, J. *José Ortega y Gasset*. Madri: Taurus, 2014, p. 299.
7 *Ibid.*, p. 362.
8 FERNÁNDEZ, J. R. "Lectura Socialista y Keynesiana de Ortega y Gasset". *Revista de Estudios Orteguianos*, 27: 184, 2013.
9 ALFONSO, I.B. *El Periodismo de Ortega y Gasset*. Madri: Biblioteca Nueva, 2005.

Para além disso, é preciso afirmar que Ortega não seguia ninguém além de suas próprias convicções, o que o fazia se indispor com as polarizações políticas de seu tempo. O conjunto da esquerda espanhola não adotava as teses de Ortega, pois "sua crítica ao racionalismo, e seu elitismo social e político eram profundamente reacionários".[10] Ortega também não era aceito pelo conjunto da direita "sobretudo por seu agnosticismo religioso e seu laicismo".[11] Todos esses fatos, portanto, levam a crer que Ortega estivesse mais à vontade vinculando sua antropologia à metafísica que à sociologia.

Tomando essa direção hermenêutica é possível entender que, em Ortega, "as massas não são classes sociais, e sim um fato psicológico".[12] A descoberta antropológica do madrilenho é a proposta de ampliar para o social "as estruturas ontológicas da vida como realidade radical",[13] considerando a vida do homem no mundo, imerso em suas circunstâncias, tomando decisões de forma livre, afim de realizar seu projeto de vida.

O homem tem diante de si inúmeras possibilidades que o permitem realizar – ou não – o seu projeto de vida. Esse fato é "a condição radical

---

10 CUEVAS, P. C. G. "Las Polémicas sobre Ortega Durante el Régimen de Franco (1942-1965)". *Revista de Estudios Orteguianos*, 14/15: 205, 2007 (Madri).
11 *Ibid.*, p. 205.
12 LÓPES DE LA VIEJA, M. T. "Democracia y Masas en Ortega y Gasset". *Revista de Estudios Orteguianos*, 1: 139, 2000 (Madri).
13 GARCÍA, A. R. *El Labirinto de la Razón: Ortega y Heidegger*. Madri: Alianza, 1990, p. 237.

que sempre encontra diante de si várias saídas, que por serem várias adquirem o caráter de possibilidades entre as quais temos de decidir".[14] Viver aberto às possibilidades é viver na pura dialética do ser ou não ser, "nossa aproximação do possível começa com uma abertura a algo que em certo modo não se tem, severamente limitada pelo que se tem".[15] O que é possível está repleto de potência, podendo até mesmo não se concretizar, criando uma tensão permanente entre a possibilidade e sua efetiva concretização. A vida é um lugar de infinitas possibilidades que vão se construindo mediante as escolhas de uma ou outra: "posso ser isto ou aquilo. Se faço isto, serei A no instante próximo; se faço aquilo, serei B".[16] Investir nas possibilidades é estar sujeito a progressos, mas também a regressos, dado que se pode até mesmo tomar certas decisões que se revelam errôneas. Por isso, "ocupar-se da possibilidade é expor-se a um aprendizado decisivo, dispor-se a ser ontologicamente humilde".[17]

As muitas possibilidades podem ser vividas como circunstâncias, que assim se descortinam como possibilidades vitais: "nossa vida, como

---

14 ORTEGA Y GASSET, J. *Obras Completas*, t. 4, p. 396.
15 QUIRÓZ, J. L. G. "La Meditación de Ortega sobre la Técnica y las Tecnologías Digitales". *Revista de Estudios Orteguianos*, 12/13: 103, 2006 (Madri).
16 ORTEGA Y GASSET, J. *Obras Completas*, t. 6, p. 65.
17 QUIRÓZ, J. L. G. "La Meditación de Ortega sobre la Técnica y las Tecnologías Digitales". *Revista de Estudios Orteguianos*, 12/13: 103, 2006 (Madri).

repertório de possibilidades, é magnífica, exuberante, superior a todas as [formas de vida] historicamente conhecidas".[18] O homem deve fazer o possível para realizar ao máximo todas as suas possibilidades, mesmo sabendo ser difícil a empreitada. E, ainda que consiga realizar todas elas, Ortega conclui: "chegamos a ser somente uma parte mínima do que podemos ser".[19]

O filósofo pretende descrever exaustivamente o que considera ser a existência humana. Sua constatação inicial é que a "vida nos é disparada à queima-roupa",[20] não é dada pronta, mas vazia, e o homem deve preenchê-la. Desse modo, conclui que "a vida é *quehacer*".[21] Depreende-se desse fato que ao homem não resta opção além de enfrentar a vida, fazendo valer cada momento vivido, pois, "as horas de sua vida estão contadas".[22] Não há tempo a perder, pois, diante dele está o futuro, o minuto seguinte, de forma que, assim, o homem também se configura como *futurização*.

A existência do animal traz consigo um roteiro traçado, "o tigre de hoje não é nem mais nem menos tigre que o de mil anos atrás, é sempre um primeiro tigre";[23] o homem, ao contrário, não é um primeiro homem, um adão *ad eternum*, mas é "formalmente um homem segundo, terceiro, etc.".[24] Projetado em

---
18 ORTEGA Y GASSET, J. *Obras Completas*, t. 4, p. 400.
19 *Ibid.*, p. 396.
20 *Id. Obras Completas*, t. 10, p. 161.
21 *Id. Obras Completas*, t. 6, p.47.
22 *Id. Obras Completas*, t. 10, p. 161.
23 *Id. Obras Completas*, t. 6, p 74.
24 *Id., Ibid.*

um mundo que lhe oferece tantas possibilidades, não lhe resta outro que colocar-se em operação pois "a vida é um gerúndio e não um particípio: um fazendo e não um feito".[25]

A vida como gerúndio, como Ortega a compreende, pressupõe escolhas que devem ser tomadas em um regime de liberdade, circunscrevendo ainda mais o homem numa existência que pressupõe máxima indeterminação. Liberdade consiste, sobretudo, em "carecer de identidade constitutiva, não estar inscrito a um ser determinado, poder ser outro do que se era e não poder instalar-se de uma vez e para sempre em nenhum ser determinado".[26] Mesmo quando opta por não escolher, ou aliena sua liberdade ao outro, o homem é livre para tal, de forma que está condenado a ser livre: "ser forçado a ter que escolher é, portanto, estar condenado, queira ou não, a ser livre, a ser por sua própria conta e risco, [isso] provém [do fato] de que a circunstância não é nunca unilateral, tem sempre várias faces".[27] A cada caminho escolhido outros tantos se abrem, e a vida, assim, é "permanente encruzilhada e constante perplexidade".[28]

Considerar a vida como realidade radical torna a existência do homem diferente da existência das outras coisas que aparecem em sua vida. O homem "é o único que não existe, e sim, o que vive

---

25 *Ibid.*, p. 65.
26 *Ibid.*, p. 66.
27 *Id. Obras Completas*, t. 10, p. 161.
28 *Ibid.*, p. 162.

ou é, vivendo".[29] No mundo, o homem constrói o seu modo de existir, refletindo e projetando cada momento seguinte. Dentro do mundo, pode-se escolher estar aqui ou ali, mas não se pode escolher um outro mundo ou momento histórico para se viver.[30] Para Ortega, o homem dá um passo em falso quando abre mão de viver a própria vida como realidade radical e passa a viver realidades outras como se fossem radicais, quando são apenas realidades elaboradas de forma inautêntica pelo mundo. Assim, o homem passa a viver interpretações ilusórias da realidade e não a realidade.[31]

Além de inscrever sua antropologia na metafísica, Ortega a inscreve também na história, considerando-a *"ratio, logos*, rigoroso conceito".[32] A razão histórica aparece como filha da razão vital, complementado a concepção de homem de Ortega. Nesse cenário, "a razão pura aparece como uma encantadora insensatez".[33] Constata-se mais uma vez a superação do idealismo por parte do filósofo, ao colocar a razão vital e histórica acima da razão pura, deixando para trás a abstração conceitual e perseguindo a realização concreta da existência.

O madrilenho faz ver uma ponte entre razão vital e razão histórica, já que ambas procuram compreender a história como o lugar em que a

---
29 *Ibid.*, p. 160.
30 *Id., Ibid.*
31 *Ibid.*, p. 201.
32 *Id. Obras Completas*, t. 6, p. 50.
33 GRACIA, J. *José Ortega y Gasset*. Madri: Taurus, 2014, p. 603.

vida humana se desenvolve. Temendo ser acusado de irracionalismo ao colocar o devir histórico como primeiro *logos*, Ortega esclarece que considera a "razão histórica ainda mais racional que a física, mais rigorosa, mais exigente que esta".[34] A física opera reduzindo fenômenos complexos aos simples para melhor compreendê-los, mas, essa operação, levada ao extremo, faz com esses fenômenos elementares e básicos da física se tornem ininteligíveis.[35] A razão histórica não sofre dessa falha, uma vez que toda realidade humana deve ser compreendida dentro de uma conjuntura da própria existência.

A história "não crê aclarar os fenômenos humanos reduzindo-os a um repertório de instintos e faculdades",[36] mas procura mostrar como o homem interpreta esses instintos e faculdades, próprios de sua existência.[37] Assim, para Ortega, é inquestionável que o homem vá construindo sua existência na "série dialética de suas experiências",[38] valendo-se não da razão lógica, mas da razão histórica. É bom que seja assim, pois, na idade moderna, a razão lógica vive o seu declínio: "hoje assistimos nada menos que a sua agonia, o seu canto de cisne".[39] Como a existência não se constitui em um ser estático, e o "homem não tem mais o ser eleático",[40] urge outra

---

34 ORTEGA Y GASSET, J. *Obras Completas*, t. 6, p. 80.
35 *Id., Ibid.*
36 *Id., Ibid.*
37 *Id., Ibid.*
38 *Ibid.*, p. 72.
39 *Ibid.*, p. 49.
40 *Ibid.*, p. 71.

razão, e Ortega sugere a razão narrativa ou histórica, que compreende o homem no seu *ir sendo*, no seu *viver*: "não diremos, pois, que o homem é, mas que vive".[41] A razão histórica ou narrativa é a única capaz de compreender a dinamicidade da vida do homem, já que considera a radical fluidez que ela comporta. É desta maneira que se compreende por que tal homem fez isso e não aquilo, por que tal nação comportou-se de certo modo e não de outro. Assim, a razão histórica, filha da razão vital, consiste também em narrativa, pois, "o homem é novelista de si mesmo, original ou plagiário".[42]

Como a vida humana se desenvolve e se compreende no devir histórico, o homem orteguiano não tem uma natureza em si, ele é um constante *que fazer*: "seu modo de ser é formalmente difícil, um ser que consiste em problemática tarefa".[43] Ortega não adota as categorias fixas, imóveis e suficientes da substância grega, para ele, ao contrário, a vida é substância indigente. O homem não tem uma essência que o precede, a exemplo da formulação clássica "animal-racional", portanto, para "falar do ser-homem temos que elaborar um conceito não eleático do ser".[44] Não se pode falar de essência para o homem, considerando essência no sentido grego do termo, pois o homem "não é seu corpo, que é uma coisa; nem é sua alma, psique, consciência ou

---

41 *Id., Ibid.*
42 *Ibid.*, p. 66.
43 *Ibid.*, p. 65.
44 *Ibid.*, p. 66.

espírito, que é também uma coisa".⁴⁵ Mas o ser do homem vai sendo construído na existência, "'vai sendo' e 'des-sendo' – vivendo".⁴⁶

Como a vida não tem uma natureza ou essência é preciso pensá-la com conceitos radicalmente distintos da fixidez da matéria.⁴⁷ Livrar-se do fisicalismo, que não considera a dinamicidade da vida humana, e considerar que categorias como natureza e essência são próprias do intelecto do homem e, portanto, não podem valer como realidade última ou radical, pois, o intelecto não "tem realidade tomado à parte e solto, mas sim funcionando na totalidade da vida humana, movido por urgências constitutivas desta".⁴⁸ Não o intelecto, mas sim a vida humana deve ser considerada realidade radical. Como "o homem não tem natureza, mas, história",⁴⁹ não resta caminho além de considerar a realidade humana flexível como dotada de plasticidade, pronta a receber a forma que se lhe quer dar. A vida humana é puramente potência para o fim que o homem almeja alcançar, do selvagem paleolítico ao jovem surrealista francês.⁵⁰

O homem jamais é, e sim, *passa a ser* a cada momento. Por ser indefinido, deve ir, constantemente, construindo a sua própria identidade no decorrer da história. Constata-se, portanto, que a estrutura ontológica da vida humana é radical historicização;

---

45 *Ibid.*, p. 64.
46 *Ibid.*, p. 72.
47 *Ibid.*, p. 57.
48 *Ibid.*, p. 64.
49 *Ibid.*, p. 73.
50 *Ibid.*, p. 66.

assim, é o homem que escolhe o seu próprio ser, o que Ortega considera "extraordinário, extravagante, dramático, paradoxal".[51]

A antropologia de Ortega possui dois estágios pelos quais o homem passa: a *alteração* e o *ensimesmamento*. O excesso do primeiro e a ausência do segundo é "uma das causas do evidente embrutecimento do mundo atual".[52] Essa reflexão antropológica, cara a Ortega, já que ele a repete em ao menos duas de suas obras, *Meditación de la Técnica* e *El Hombre y la Gente* trata-se de uma "teoria sobre a necessária interiorização do indivíduo frente ao movimento geral de alteração produzido pelas perturbações da civilização ocidental".[53] Na alteração, o homem se vê perdido no mundo, no ensimesmamento, mergulhado dentro de si para, em um segundo momento, explorar o mundo, considerando-o sua casa. Pode-se considerar esses dois estágios como um "pêndulo que oscila entre a intimidade e a animalidade, entre a vida de cada um como solidão radical e comportamento social".[54] O estágio do ensimesmamento é fundamental para o homem, pois, é através dele que se projeta a ação futura, tornando o homem mais preparado para atuar no mundo, pronto para a ação,

---

51   *Id. Obras Completas*, t. 10, p. 162.
52   VELA, F. *Ortega y los Existencialismos*. Madri: Revista de Occidente, 1961, p. 103.
53   FONCK, B. "Argentinidad y Europeísmo en Ortega: Dos Miradas Complementarias". *Revista de Estudios Orteguianos*, 29: 126, 2014 (Madri).
54   REGALADO GARCÍA, A. *El Laberinto de la Razón: Ortega y Heidegger*. Madri: Alianza, 1990, p. 238.

para a vida ativa, para a práxis. No ensimesmamento, o homem pode pensar, contemplar e planejar a ação antes de executá-la, e isso tudo o ajuda a viver melhor a própria vida: "não vivemos para pensar, mas pensamos para sobreviver",[55] sendo o pensar apenas uma dentre tantas outras coisas que o homem faz.

Não é, portanto, apenas um pensar por pensar, ou o homem cairia em um intelectualismo estéril, e, para Ortega, tal tipo de intelectualismo se configura como "a mais indiscreta divinização da inteligência".[56] Portanto, o ensimesmamento não se resume em um pensar que tenha um fim em si mesmo, o que seria estéril a seu ver, mas um pensar que se projeta, um passo importante e fundamental que precede à ação. O madrilenho não crê em um progresso inercial, independente da ação do próprio homem. Ele deve agir, uma vez que é "fundamentalmente ação";[57] ele pensa para agir e "sustentar-se entre as coisas".[58]

Além do intelectualismo estéril, o homem deve rejeitar também o voluntarismo, principalmente quando esse não contempla um mínimo de reflexão: "à aberração intelectualista que isola a contemplação da ação, sucedeu a aberração oposta: a voluntarista, que se exonera da contemplação e diviniza a ação pura".[59] Ortega procura um equilíbrio entre a ação e a teoria, de forma que, se o intelectualismo remete

---

55 ORTEGA Y GASSET, J. *Obras Completas*, t. 10, p. 12.
56 *Id., Ibid.*
57 *Id., Ibid.*
58 *Ibid.*, p. 152.
59 *Ibid.*, p. 153.

ao idealismo desvinculado da realidade, a "pura ação" também não é o caminho, e no vocabulário orteguiano, torna-se "alteração", atitude contrária à sã reflexão, ao ensimesmamento. Na Europa, ameaça perder-se a capacidade de ensimesmar-se, se fala somente de ação.[60]

A cultura implementada pelas massas é pródiga em estimular o homem a sair de si mesmo, impedindo-o de ensimesmar-se, quer "centrifugá-lo, estendê-lo, planificá-lo, torná-lo raso, fazendo-o desertar de sua casa, de sua caverna protetora".[61] Os demagogos, a quem Ortega se refere como "empresários da alteração", obrigam o homem a viver incessantemente no regime da alteração, sem uma vida interior que o conduza a uma reflexão profunda sobre a realidade.[62] O *modus operandi* dos demagogos é desestimular no homem atitudes reflexivas. Essa postura se mostra arriscada, pois, quando o homem se põe fora de si, ele recai na animalidade. É o que sempre acontece quando se diviniza somente a ação.[63] Ao homem puramente exterior "falta um dentro, uma intimidade inexorável, inalienavelmente sua; pois está sempre disposto a fingir que é isto ou outro".[64]

Ao contrário do animal, que carece de um mundo interior, o humano tem no ensimesmamento uma de

---
60 *Ibid.*, p. 154.
61 VELA, F. *Ortega y los Existencialismos*. Madri: Revista de Occidente, 1961, p. 104.
62 ORTEGA Y GASSET, J. *Obras Completas*, t. 10, p. 154.
63 *Id., Ibid.*
64 ARON, R. "Una Lectura Crítica de 'La Rebelión de las Masas'." *Revista de Estudios Orteguianos*, 12/13: 232, 2006 (Madri).

suas principais características positivas.⁶⁵ Ela representa a vida interior que o permite, a cada hora, repensar suas ações e, assim, passar às próximas escolhas. Ensimesmar-se significa também "passar em revista as nossas ideias sobre a circunstância e forjar um plano estratégico".⁶⁶

Mesmo ao ensimesmar-se, o homem corre o risco de se perder e cair na inautenticidade. Perder-se é constitutivo do homem, que deve colocar em operação toda a sua energia para reencontrar a vida autêntica. Perder-se faz parte do destino trágico do homem. Reencontrar-se é nobre privilégio. No regime da alteração são tomados caminhos inautênticos, uma vez que este comportamento carece de reflexão, é "desumanizado, mecanizado, responde a um comportamento automático".⁶⁷

Não obstante, Ortega vê uma dimensão positiva na alteração. O *estar fora*, movimento próprio da alteração, em certo sentido, também é constitutivo do homem, "peregrino do ser, substancial imigrante".⁶⁸ O *estar fora* passa a ser um movimento necessário posterior ao ensimesmamento, pois, somente "no choque com o mundo exterior surge o programa vital que somos, a norma ética que se deve prescrever a si mesmo, a exigência interna que rege a criação".⁶⁹ O

---

65 REGALADO GARCÍA, A. *El Laberinto de la Razón: Ortega y Heidegger*. Madri: Alianza, 1990, p. 301.
66 ORTEGA Y GASSET, J. *Obras Completas*, t. 10, p. 155.
67 REGALADO GARCÍA, A. *El Laberinto de la Razón: Ortega y Heidegger*. Madri: Alianza, 1990, p. 238.
68 ORTEGA Y GASSET, J. *Obras Completas*, t. 6, p. 41.
69 PERIS SUAY, A. "El Liberalismo de Ortega más allá del Individualismo". *Revista de Estudios Orteguianos*, 12/13: 171, 2003 (Madri).

sentido positivo da alteração é constatar que viver significa enfrentar o mundo, e, para isso, é preciso *estar fora*.

Estar fora no mundo, tendo que enfrentá-lo, significa constatar a dura realidade de que se está só. Ortega lembra que Jesus, considerado o filho de Deus pela fé cristã, experimentou radicalmente o que é ser humano quando foi abandonado pelo Pai, quando se viu só.[70] *Estar fora* é ter consciência da própria solidão, pois quem vive está sujeito a perder pessoas ao longo da existência e, assim, constatar "que temos que viver nosso radical viver... sozinhos".[71] A vida humana é solidão, pois, ao fim de tudo, se está só. No mundo, o homem encontra soluções para sua radical solidão construindo redes de amizades ou relações amorosas. Dessa forma, necessitado do mundo, Ortega vê o homem como um evento social, pois o homem vive em um "contorno e em uma circunstância em que tem, queira ou não, que viver".[72] Nessa circunstância e nesse entorno não há como não notar a presença do *outro*. Para Ortega, o outro – *alter,* em latim – encontra-se em particular relação com o eu. Do vocábulo *alter,* Ortega deduz o verbo alternar e afirma que seu significado é dar espaço para o outro em minha vida: "dizer que não alternamos com alguém é dizer que não temos com ele relação social".[73]

---
70 Salmo 22,2. *Bíblia de Jesusalém*. São Paulo: Paulus, 2002.
71 ORTEGA Y GASSET, J. *Obras Completas*, t. 10, p. 166.
72 *Id., Ibid.*
73 *Ibid.*, p. 205.

1. O outro

Ainda que o homem considere a própria vida realidade radical, não pode aplicar esta mesma densidade metafísica à vida do outro, uma vez que a vida do outro é uma realidade presumida, e não radical e inquestionável,[74] uma vez que ninguém tem acesso à interioridade da vida do outro. Sendo possível traçar uma analogia entre a vida e os vários graus de uma queimadura, cada vida singular deve ser considerada de primeiro grau. A vida que não a minha, assume outros graus, mas não o primeiro. Somente a própria vida pode ser considerada uma realidade radical e inquestionável. Não é a vida do outro – que aparece na minha vida –, mas sim a minha própria vida. A vida do outro aparece para mim como secundária, derivativa e problemática. Se o homem consegue fingir para o outro, não consegue fingir para si mesmo, o que o empurraria, caso isso acontecesse, para uma vida inautêntica.

O outro existe para mim independente da minha vontade que ele exista ou não. Porém, ainda que eu não tenha acesso à sua interioridade, guardo com ele uma relação de reciprocidade, pois, só posso dizer *outro* na medida em que esse *outro* guarda relação comigo: "existe um eu que é nele o que o meu eu é para mim".[75] O homem é um *ser recíproco*, na medida em que aparece no

---
74 *Ibid.*, p. 200.
75 *Ibid.*, p. 205.

mundo alternando, reciprocamente, com outro um. O homem nasce para um mundo de homens, não de pedras ou de vegetais; é com homens que lida primariamente: "ao nos surpreendermos pela primeira vez vivendo, nos encontramos já, não somente com os outros e no meio dos outros, mas habituados a eles".[76] Ou seja, a aparição do outro é um fato permanente na vida.

Uma vez que sua interioridade me é inacessível, o outro é para mim um *não eu*. Porém, ainda que impenetrável, ele é para mim um existente, basta constatar que "ele está aí e como está".[77] Para Ortega, o homem, para tomar consciência do seu *eu* necessita do outro, pois, antes que cada um se desse conta de si mesmo, havia já percebido o outro como um *não eu*.[78]

Estar aberto ao outro não significa ainda a articulação de uma postura moral, mas representa, simplesmente, um fato evidente: "o homem está, desde o seu nascimento, aberto ao outro, ao ser estranho".[79] A postura moral aparece apenas em um segundo momento, pois, o que se tem em primeiro lugar é a coexistência, que é a "matriz de todas as possíveis relações sociais".[80]

Ainda que pela sua própria estrutura metafísica o outro tenha sua interioridade reservada, ele

---
76 *Ibid.*, p. 207.
77 *Ibid.*, p. 219.
78 *Ibid.*, p. 207.
79 *Id., Ibid.*
80 *Id., Ibid.*

não é para mim uma abstração. É possível superar este subjetivismo da interioridade e construir com o outro um *mundo objetivo*, onde esteja presente um acordo mútuo que possibilite compreender de forma unívoca os objetos que estão no mundo. É um acordo que se dá, sobretudo, através das "conversações que versam principalmente sobre coisas que nos parecem aproximadamente comuns".[81]

Neste sentido, o mundo passa a ser a constituição de um projeto que vai sendo construído pelo meu *eu* em conjunto ao outro. Um mundo que não é apenas meu ou apenas teu, mas de todos.[82] Assim, para Ortega, o fator social é responsável pela construção do mundo, pois mundo não é apenas aquilo que eu vivo no meu ensimesmar, mas também o que eu vivo na alteridade, em uma relação com o outro, sendo assim possível a aparição de um mundo comum e objetivo.[83] Essa relação com o outro não pode ser passiva, embasada na simples abertura, mas demanda uma atividade dos dois polos, um atuar em conjunto.[84] Essa relação ativa com o outro, concretizando eventualmente a possibilidade de se construir algo em comum é "a primeira forma de relação concreta com o outro, sendo, portanto, a primeira realidade social".[85]

---

81 *Ibid.*, p. 208.
82 *Id., Ibid.*
83 *Id., Ibid.*
84 *Ibid.*, p. 209.
85 *Id., Ibid.*

2. O homem e o outro: relação social/dissocial

Ortega pretende chegar ao fundamento da sociologia por meio de sua descoberta metafísica da vida como realidade radical. Este fundamento é o encontro de dois sujeitos agentes, dois *eus*: o *eu* próprio e o *eu* do outro. É uma ação que se pode considerar como interação, no momento em que um *eu* se insere no *eu* do outro: "minha ação é social quando conto nela com a eventual reciprocidade do outro".[86]

Conhecendo aos poucos o outro, desenvolvo com ele uma intimidade que me permite chamá-lo de "tu", tornando-o, assim, inconfundível para mim. Nesse momento, descubro-me "eu sendo eu e nada mais que eu".[87] O homem, ao encontrar no mundo outros homens, estabelece, a partir desse fato, uma relação *eu e outro*, pois, com eles nasce e começa a viver.[88] A esse encontro Ortega chama *sociedade*.[89]

Estar em sociedade é estar em relação ativa com o outro e esperar que o outro, por sua vez, comigo interaja, comigo intervenha.[90] Ao estar aberto para a intervenção do outro, o homem não sabe exatamente o que esperar, pois "o outro é potencialmente meu amigo ou inimigo".[91] Para Ortega,

---
86 *Ibid.*, p. 234.
87 *Ibid.*, p. 210.
88 *Ibid.*, p. 237.
89 *Id., Ibid.*
90 *Ibid.*, p. 241.
91 *Id., Ibid.*

o outro pode me desinstalar, ameaçar, questionar; junto a outros homens existe sempre o perigo de ser confrontado.

Pela simples presença do seu corpo, o outro me envia sinais de sua própria intimidade: é a copresença, uma "intimidade que não é nunca presente, é copresente, assim como o lado da maçã que não vemos".[92] Na copresença se percebe se o outro é amigo ou inimigo, se é pró ou contra mim; essa é "a raiz de todo o social".[93]

O encontro do *eu* com o *outro* se dá no espaço concreto do mundo cotidiano, momento em que se configura a socialidade, estar com o outro em uma relação social. Ortega descreve essa socialidade de modo jocoso. "[Significa] igualmente que uma mulher bonita me dê um beijo, que delícia!, ou que um transeunte me dê uma punhalada, que fastio!".[94] Com esses dois fatos, um positivo e, o outro, negativo, Ortega tem a possibilidade de falar, a partir do fato negativo, de *dissociedade*, que é quando a sociedade se mostra hostil ao homem. O *outro* é perigoso, afirma Ortega, buscando, imediatamente, distinguir que aquilo que é perigoso, ainda não é, moralmente falando, nem um bem e nem um mal. O outro é perigoso para mim porque dele eu ainda nada sei. Para saber se ele representa um bem ou um mal é necessário "prová-lo, ensaiá-lo, tateá-lo, experimentá-lo".[95]

---

92 *Ibid.*, p. 194.
93 *Ibid.*, p. 241.
94 *Ibid.*, p. 242.
95 *Ibid.*, p. 247.

Por meio das pequenas lutas cotidianas se aprende o modo de ser do outro, e, assim, vai se aprendendo a lidar com ele, deparando-se com os limites que automaticamente se estabelecem nessa convivência: "vamos descobrindo a série inumerável de pequenos perigos para nós e para ele, resultado da convivência".[96] Assim, a vida passa a se caracterizar pela separação de um *eu* e de um tu com modos próprios de ser, e, portanto, não coincidentes.[97] De certa maneira, o ser do outro anula o meu ser. O choque que ocorre entre o *eu* e o *tu* é fator distintivo da relação social.[98] O homem orteguiano trilha o caminho da relação social a fim de enfrentar sua constitutiva solidão ontológica. Ao reconhecer essa solidão, e, tentando superá-la, ele se soma a outro ser humano, desejando dar-lhe a própria vida e receber a do outro.[99] Dar a vida é próprio do sentimento de amor. Ortega busca compreender esse sentimento que permeia as relações dentro da realidade radical, que é a vida vivida. No jogo da vida real, é o amor que conecta todas as coisas: "a filosofia do amor é buscar as conexões e, assim, manter o mundo e as coisas em sua conexão".[100] Se o amor forma redes de conexões, o ódio dispersa, desintegra. Para Ortega, o amor é um divino arquiteto que tem como tarefa conectar todo o universo.[101]

---

96 *Ibid.*, p. 248.
97 *Id., Ibid.*
98 *Ibid.*, p. 252.
99 *Ibid.*, p. 195.
100 SAN MARTÍN, J. *La Fenomenología de Ortega y Gasset*. Madri: Biblioteca Nueva, 2012, p. 90.
101 ORTEGA Y GASSET, J. *Obras Completas*, t. 1, p. 749.

Na relação *eu* e *tu*, se o amor conecta, o ódio opera o justo contrário, pois é um "afeto que conduz à aniquilação dos valores".[102] Ortega insere aqui mais um elemento de sua antropologia, valendo-se dos conceitos de amor e ódio em suas formulações clássicas, e construindo, assim, uma leitura radical da realidade, ao mesmo tempo em que mostra um caminho para o homem espanhol, buscando "restabelecer a conexão, a fecundidade, a riqueza da realidade e ressuscitar o amor na morada íntima dos espanhóis".[103] Não é mais factível que os espanhóis ofereçam à vida "um coração blindado de rancor".[104]

Ortega, seguindo sua filosofia do amor, considera o altruísmo um traço próprio da vida, sua raiz e essência.[105] Uma vida altruísta jamais considera o outro do ponto de vista da utilidade, como mais uma coisa dentre as muitas do mundo. A carência de amor gera outros problemas para as relações sociais da vida espanhola, tais como "a falta de compreensão e a intransigência moral".[106]

Ortega procura qualificar a relação eu e outro, valendo-se da conexão que somente um sentimento como o amor pode executar. O ódio desconecta e cria equívocos nas relações sociais, levando à barbárie

---

102 *Ibid.*, p. 748.
103 *Id*. **Meditações do Quixote**. Comentários Julián Marias. Trad. Gilberto de Mello Kujawski. São Paulo: Livro Ibero-Americano, 1967, p. 188.
104 *Id. Obras Completas*, t. 1, p. 748.
105 *Id. Obras Completas*, t. 3, p. 601.
106 FERNÁNDEZ ZAMORA, J. A.; HERRERAS MALDONADO, E. "Introducción: las Circunstancias de un Centenario". *Debats*, 124: 37, 2014 (Valência, Imprenta Provincial).

espiritual, atitude própria do homem-massa: "há uma inconfundível raiz de medo e preguiça no rancor, atitudes características também do homem-massa".[107] O antídoto para as atitudes rancorosas é a reflexão, o autocentramento, a interioridade. Pensar no outro, escutá-lo, tê-lo no horizonte, são passos fundamentais para o progresso da Espanha. Ao não proceder assim, a sociedade espanhola toma o caminho da irracionalidade, da barbárie espiritual.[108]

Em uma relação com o outro que aparece no *cenário* de sua história, o homem toma consciência de si e busca realizar seu projeto de vida. Ainda assim, mesmo mantendo uma vida social com o outro, ele permanece um estranho, um estrangeiro, alguém desconhecido na sua intimidade mais profunda. Ainda, emenda Ortega, cada homem pode conhecer-se a si mesmo, e, a isso, Ortega dá o nome de *meu mundo*, e tudo o que nele acontece – até mesmo a dor – é prazeroso para o homem, pois tudo o que o homem é, dentro do seu mundo, se configura como pura autenticidade.

---

107 ORTEGA Y GASSET, J. *Meditações do Quixote*. Comentários Julián Marias. Trad. Gilberto de Mello Kujawski. São Paulo: Livro Ibero-Americano, 1967, p. 191.
108 JAHANBEGLOO, R. "Leyendo a José Ortega y Gasset em el Siglo XXI". *Revista de Estudios Orteguianos*, 14/15: 98, 2007 (Madri).

3. Massas vulgares *versus* minorias melhores

O contexto sócio-político do qual surge uma das mais célebres intuições de Ortega, o advento do homem-massa, é bastante conturbado na Espanha. Apenas um ano antes, o filósofo e outros professores renunciaram às suas respectivas cátedras universitárias como reação moral ao governo de Primo de Rivera por fechar a Universidade madrilenha[109] como represália aos universitários que "começaram a se organizar politicamente e a rebelarem-se nas ruas".[110] Ortega não se mostra inerte aos embates políticos do seu tempo; seus cursos de filosofia, neste momento, fora da Universidade e enchendo teatros, "são parte da mobilização contra a ditadura".[111] Com a caída do governo de Primo de Riviera, em 1930, e também com o fim da monarquia, começa a Segunda República Espanhola, que tem seu declínio em 1936. Ao menos em seu início, Ortega acredita que a República levará a Espanha a reencontrar sua vocação de grandeza.[112] Como de hábito, ele começa a escrever artigos – que resultam na publicação de sua obra "A rebelião das massas" – no periódico *El Sol*, com o objetivo de alertar o homem espanhol "contra o domínio que sobre ele podem exercer os projetos totalitários da Europa contemporânea".[113] São

---
109 ORTEGA SPOTTORNO, J. *Los Ortega*. Madri: Taurus, 2002, p. 346.
110 GRACIA, J. *José Ortega y Gasset*. Madri: Taurus, 2014, p. 432.
111 *Ibid.*, p. 432.
112 ORTEGA SPOTTORNO, J. *Los Ortega*. Madri: Taurus, 2002, p. 360.
113 GRACIA, J. *José Ortega y Gasset*. Madri: Taurus, 2014, p. 440.

movimentos totalitários que não levam o ingresso da Espanha ao progresso moderno, muito pelo contrário, e, por isso, urge "desmascarar a pretendida modernidade dos totalitarismos".[114] Ortega identifica o homem propenso a esse tipo de comportamento totalitário como homem-massa, que compõe as massas vulgares. E, estando correta a hipótese de Ortega, o grande risco pelo qual passa a sociedade espanhola e europeia é o protagonismo do homem-massa:

> Existe um fato que, para o bem ou para o mal, é o mais importante na vida pública europeia da hora presente. Esse fato é o advento das massas ao pleno poder social. Como as massas, por definição, não devem nem podem dirigir sua própria existência e, menos ainda, dirigir a sociedade, quer dizer que a Europa sofre agora a mais grave crise que povos, nações, culturas, podem padecer. Essa crise sobreveio mais de uma vez na história. Sua fisionomia e suas consequências são conhecidas. Também se conhece seu nome. Se chama a rebelião das massas.[115]

É um fato grave que as massas tenham chegado ao pleno poder social, faltando-lhes um programa de vida refletido e exequível, bem como preparo intelectual e cultural para assumir postos-chaves das nações. Como não conseguem dirigir a própria vida, não conseguem também realizar as complexas funções que o Estado demanda.

---
114 *Id., Ibid.*
115 ORTEGA Y GASSET, J. *Obras Completas*, t. 4, p. 375.

Ortega nota que, de certa forma, as massas sempre existiram. A novidade que se constata é que, no momento em que escreve, elas ocupam um lugar qualificado, que é o das minorias melhores, que mesmo sendo qualificada e criando valores, "está ameaçada de ser tragada pela massa da maioria niveladora".[116] Para Ortega, minorias e massas são simetricamente contrárias: as primeiras, são especialmente qualificadas, as segundas, não especialmente qualificadas.[117] Considerar a massa simples multidão seria uma atitude banal, uma vez que a massa é caracterizada sobretudo pela presença do homem médio, "um tipo humano débil e vulnerável ao gregarismo ideológico, sem fundo de resistência contra as ilusões e os *slogans* utópicos".[118] Homem-massa é aquele que se acomoda na ausência de um projeto livre e autêntico, flertando com projetos autoritários. Tal homem mantém "o totalitarismo como sonho anacrônico como resposta falsa, transitória e ilegítima aos conflitos do presente".[119] Um homem deixa de ser massa e passa a ser nobre se enfrenta todas as resistências que o impedem de realizar seu projeto: "a minoria são os indivíduos ou grupos de indivíduos que se esforçam e exigem de si mesmos, fazendo de sua disciplinada vida uma vida nobre, enquanto a massa não exige mais a si mesma, fato próprio de uma vida vulgar".[120]

---

116 CSEJTEI, D. "La Presencia de Ortega y Gasset en la Obra de Istvàn Bibó". *Revista de Estudios Orteguianos*, 2: 208, 2001 (Madri).
117 ORTEGA Y GASSET, J. *Obras Completas*, t. 4, p. 377.
118 GRACIA, J. *José Ortega y Gasset*. Madri: Taurus, 2014, p. 452.
119 *Id., Ibid.*
120 PASCERINI, M. C. "Reflexiones sobre la Crisis de la Vida Colectiva

O homem que constitui a *minoria melhor* não é petulante ou se considera melhor que os outros, ao contrário, exige mais de si mesmo em relação aos demais. Esse é o caminho que o homem espanhol deve trilhar, pelo bem da própria nação. O projeto de Ortega é o de "acabar com a carência de minorias excelentes e o império imperturbado das massas graças a um novo tipo de homem espanhol".[121]

A divisão radical que se percebe na sociedade consiste na presença de dois tipos de pessoas: "as que se exigem muito e acumulam sobre si dificuldades e deveres, e as que não se exigem nada especial; para elas viver é ser em cada instante o que já são, sem esforço de perfeição sobre si mesmas, boias que vão à deriva".[122] Essas últimas são aquelas apontadas por Ortega por viverem sem preocupações, ao sabor do vento. Tornaram-se depositárias de direitos por meio das ações das minorias melhores, e, no entanto, não valorizam esses direitos, pelo contrário, "trituram as instituições onde aqueles direitos se sancionam".[123]

Ortega amadurece a ideia de minoria melhor desde 1914, quando, com um grupo de intelectuais, lança a *Liga de Educação Política Espanhola*, imediatamente após causar impacto com a conferência *Nova e Velha Política*, proferida no *Teatro de la Comedia* em Madri. Para Ortega, o que caracteriza

---

en 'La Rebelión de las Masas' ¿Una Visión Dantesca de la Sociedad?". *Revista de Estudios Orteguianos*, 2: 267, 2001 (Madri).
121 GRACIA, J. *José Ortega y Gasset*. Madri: Taurus, 2014, p. 298.
122 ORTEGA Y GASSET, J. *Obras Completas*, t. 4, p. 378.
123 *Ibid.*, p. 384.

a minoria melhor não é a posse de bens ou riquezas, mas a promoção da cultura, educação, e um modo de vida ético. Portanto, Ortega vê a minoria menos como expressão de um grupo com posses monetárias, mas como um grupo que preza por formação cultural, apuro intelectual, autenticidade de vida e exemplaridade ética".[124] O filósofo madrilenho aposta na minoria seleta por pensar que somente ela pode fazer chegar às massas as transformações necessárias para o progresso social,[125] e percebe na Madri de seu tempo uma minoria de espanhóis – escritores, jornalistas, empresários, políticos – intelectualmente bem formada. A *Liga de Educação Política Espanhola* atua justamente na organização dessa minoria, estimulando-a a formar as massas com entusiasmo, solicitude e coragem.[126] Somente as minorias esclarecidas podem deter o avanço predador das massas ou, ao menos, controlá-lo por meio de pactos governamentais.[127] Dessa forma, "a minoria está encarregada de inspirar os ideais, valores e projetos coletivos a partir de uma perspectiva que vá além dos interesses particulares".[128]

Além de atuar nos meios políticos, a minoria qualificada deve também atuar nos meios culturais, e, assim, atingir um espectro muito mais amplo da

---

124 GRACIA, J. *José Ortega y Gasset*. Madri: Taurus, 2014, p. 452.
125 ORTEGA Y GASSET, J. *El Tema del Nuestro Tiempo*. p. 570.
126 SAMPER, J. E. P. "Ortega y Gasset como Representante de la Preocupación Social de una Generación". *Revista de Estudios Orteguianos*, 2: 141, 2001 (Madri).
127 LÓPES DE LA VIEJA, M. T. "Democracia y Masas en Ortega y Gasset". *Revista de Estudios Orteguianos*, 1: 143, 2000 (Madri).
128 PERIS SUAY, A. "El Liberalismo de Ortega más allá del Individualismo". *Revista de Estudios Orteguianos*, 12/13: 195, 2003 (Madri).

sociedade. Com sua presença no periodismo, atuando intensamente na cena cultural espanhola, Ortega tem chances de aglutinar em torno de si homens das artes. A sua "*Revista de Occidente* foi um espaço propício para o encontro de um grupo minoritário muito ativo".[129] Portanto, "refletir, formar opinião e animar a vida pública por meio da cultura não são tarefas próprias de uma elite política",[130] mas sim de uma elite cultural.

Nota-se, em Ortega, não um elitismo de classe, com privilégios para a classe política ou para a classe dirigente, uma vez que minoria significa qualquer pessoa que queira contribuir para o bem comum da sociedade. É uma "outra forma de poder que se exerce de modo mais difuso, desde o âmbito cultural até a opinião pública".[131] As minorias têm capacidade de aperfeiçoarem a si mesmas e a vida da sociedade, sendo que essa estaria melhor fundada se, a sua frente, estivesse uma minoria bem preparada, que seria como "agentes vertebradores da esfera pública".[132] A visão de Ortega pareceu, a muitos, uma concepção elitista da sociedade, ainda que não se possa classificar como elitismo o fato de Ortega se opor ao que chama de *democracia mórbida* ou ao "falso igualitarismo pseudodemocrático".[133] O que ele propõe é elevar a

---
129 LÓPES DE LA VIEJA, M. T. "Democracia y Masas en Ortega y Gasset". *Revista de Estudios Orteguianos*, 1: 143, 2000 (Madri).
130 *Id., Ibid.*
131 *Ibid.*, p. 144.
132 *Ibid.*, p. 137.
133 SÁNCHEZ CAMARA, I. "El Elitismo de Ortega y Gasset". *Revista de Estudios Orteguianos*, 19: 230, 2009 (Madri).

qualificação de todo o povo porque "o aumento dos politicamente ativos é um bem em si mesmo".[134] A proposta de Ortega de que a minoria melhor preparada assuma o comando da nação tem ainda a vantagem de lutar contra aquilo que, segundo Cámara, é marca da contemporaneidade, a aristofobia, ou seja, "o ódio ao melhor e aos melhores, o ressentimento contra a nobreza e a excelência".[135]

Ortega defende-se da pecha de flertar com o elitismo quando esclarece: "a divisão da sociedade em massas e minorias excelentes não é, portanto, uma divisão em classes sociais, e sim em classes de homens, e não pode coincidir com a hierarquização em classes superiores e inferiores".[136] Portanto, Ortega "não se referia a uma casta, nem à aristocracia nem à classe governante, mas a algo como uma elite informal ou a uma elite estratégica".[137] Não é divisão, porque, dentro de uma mesma classe, pode-se encontrar a inautenticidade de vida do homem-massa e o homem-nobre, que busca levar sua vida tendo como fundamento a autenticidade. Mas, para Cuevas, em Ortega, pode sim se encontrar um veio elitista, devido a "um sentimento fortemente aristocrático de sociedade e da vida, em que poucos estão

---

134 PERIS SUAY, A. "El Liberalismo de Ortega más allá del Individualismo". *Revista de Estudios Orteguianos*, 12/13: 196, 2003 (Madri).
135 SÁNCHEZ CAMARA, I. "El Elitismo de Ortega y Gasset". *Revista de Estudios Orteguianos*, 19: 231, 2009 (Madri).
136 ORTEGA Y GASSET, J. *Obras Completas*, t. 4, p. 378.
137 LÓPES DE LA VIEJA, M. T. "Democracia y Masas en Ortega y Gasset". *Revista de Estudios Orteguianos*, 1: 145, 2000 (Madri).

destinados a dirigir muitos".[138] A massa pode aspirar a deixar de ser massa, mas, para isso, deverá recorrer à ajuda das minorias excelentes.

4. Homem-massa e o homem-nobre

A constatação que Ortega lança é que o homem-massa é acrítico consigo mesmo e seguro de suas falsas qualidades, tem a percepção de que a vida é fácil e que nada de trágico pode lhe acontecer. O homem-massa pensa estar preparado para assumir a própria vida e, o que é mais grave, a vida de outros, a vida de uma sociedade inteira, desejando nada menos que o protagonismo; porém, está absolutamente incapacitado para isso.

O homem-massa deixa clara a sua inconsistência ao desejar uma vida já pronta, considerando-se "sujeito de direitos sem deveres".[139] Vive uma vida sem motivações e "se sente perdido entre suas infinitas possibilidades sem saber o que fazer com elas".[140] Opina sem reservas, em pleno vigor da *ação direta*, comportando-se como um *menino mimado* ou como um *herdeiro* que não valoriza a herança recebida (no caso, a civilização), "as comodidades, a segurança, em suma, as vantagens da civilização".[141]

---
138 CUEVAS, P. C. G. "Las Polémicas sobre Ortega Durante el Régimen de Franco (1942-1965)". *Revista de Estudios Orteguianos*, 14/15: 204, 2007 (Madri).
139 GRACIA, J. *José Ortega y Gasset*. Madri: Taurus, 2014, p. 452.
140 PERIS SUAY, A. "El Liberalismo de Ortega más allá del Individualismo". *Revista de Estudios Orteguianos*, 12/13: 180, 2003 (Madri).
141 ORTEGA Y GASSET, J. *Obras Completas*, t. 4, p. 435.

Assim como o herdeiro que recebe uma herança sem ter feito nada para ajudar a construir aquele patrimônio, o homem-massa recebe toda uma vida sociocultural que não criou e nem ajudou a criar. Isso o deixa em meio caminho diante da vida herdada e de sua própria vida, caindo assim na inautenticidade: "sua vida perde, inexoravelmente, autenticidade e se converte em pura representação ou ficção de outra vida".[142] A vida, para lograr-se, demanda esforço para ser, e é justamente isso que falta ao homem-massa, de forma que toda a sua pessoa vai se "desvanecendo, por falta de uso e esforço vital".[143] Pode-se considerar essa carência de esforço para realizar o projeto vital como inércia. Ledesma vê no conceito de inércia de Ortega um mal radical, uma vez que leva o homem à paralisia, afastando-o de seu projeto vital.[144] O homem orteguiano se vê obrigado a fazer uma opção entre a inércia e o esforço. A depender de sua escolha, sua vida tomará o rumo da nobreza ou da vulgaridade.[145] Vida nobre significa uma vida de altos ideais, alcançados por meio de "serviço, exigência, liberdade, criação".[146] Ortega vale-se do mote "a nobreza obriga" para lembrar que basta ver as metas que o homem se propôs a alcançar para medir o valor

---

142 Id., Ibid.
143 Id., Ibid.
144 LEDESMA PASCAL, F. "El Mal Radical: Notas sobre 'La Rebelión de las Masas'." *Revista de Estudios Orteguianos*, 2: 133, 2001 (Madri).
145 SÁNCHEZ CÁMARA, I. "Ortega y Gasset y la Filosofía de los Valores". *Revista de Estudios Orteguianos*, 1:162, 2000 (Madri).
146 Ibid., p. 163.

de sua vida. Ele deve envolver-se em um projeto vital, fruto de suas escolhas, tomadas de forma livre, e deve se colocar em ação para realizar esse projeto.

O homem-nobre sabe-se incompleto, é consciente de sua contingência. O homem-massa, pelo contrário, tem certeza de sua plenitude, de suas verdades, ele se basta: "o homem medíocre de nossos dias, o novo Adão, não lhe ocorre duvidar de sua própria plenitude".[147] Ao que parece, Ortega quer "estimular o culto ao homem seleto, dada a patente escassez de homens de bons dotes".[148] Ao homem vulgar não interessa entender o que quer que seja, especialmente política e literatura; ele é apenas caixa de ressonância das minorias melhores, pois tem "uma inata consciência de sua limitação, de não estar qualificado para teorizar".[149] Ainda assim, ele tem ideias para tudo o que acontece, tentando impor sempre sua opinião, sem nenhuma vontade para ouvir: "não existe questão de vida pública onde não intervenha, cego e surdo como é, impondo suas opiniões".[150] Não é uma vantagem que o homem-massa queira ter ideias, uma vez que não aceita as regras do jogo, as normas colocadas pela sociedade, que são os princípios da cultura. Por princípios de cultura entende-se o ordenamento jurídico constitucional, o aparato intelectual da sociedade, relações econômicas equilibradas, uma

---

147 ORTEGA Y GASSET, J. *Obras Completas*, t. 4, p. 416.
148 GRACIA, J. *José Ortega y Gasset*. Madri: Taurus, 2014, p. 293.
149 ORTEGA Y GASSET, J. *Obras Completas*, t. 4, p. 417.
150 *Id., Ibid.*

certa unanimidade no que tange às regras da estética e da obra de arte.[151]

O novo homem que surge no cenário europeu não quer dar razão a ninguém e também não quer ter razão, mas busca apenas impor sua opinião. Fica estabelecido junto com esse novo homem o direito de não ter razão, ao que Ortega chama de "a razão dos sem razão".[152] Ortega classifica este novo homem em três tipos: homem-massa, herdeiro e menino mimado. Eles são frutos da prodigalidade do progresso do mundo no tempo de Ortega.

Assim como o menino mimado, que se comporta mal dentro de casa, leva esse mau comportamento para fora de casa, o homem também age com esse perfil. Ele leva o comportamento doméstico irreprovável para a rua, para a sociedade: "crê poder comportar-se fora de casa como dentro dela, crê que nada é fatal, irremediável e irrevogável".[153] Ortega se refere ao homem do povo, mas também "aos filhos da burguesia que frequentam os mesmos espaços de cultura e sociabilidade que ele".[154] Eles não reconhecem a riqueza da cultura europeia e desprezam o esforço empreendido por outros homens para que a cultura se tornasse cada vez mais sofisticada. Se sentem seguros com a alta tecnologia, mas não sentem a "necessidade de trabalhar arduamente para melhorar

---

151 ORTEGA Y GASSET, J. *Obras Completas*, t. 4, p. 188.
152 *Ibid.*, p. 418.
153 *Ibid.*, p. 437.
154 GRACIA, J. *José Ortega y Gasset*. Madri: Taurus, 2014, p. 436.

a qualidade humana".[155] Pelo contrário, não medem esforços para dilapidar a cultura, dela só usufruindo.

O homem-massa destrói a civilização que o acolhe, é dono de uma autonomia cínica, que nega a própria civilização, não se abre a nenhuma ordem exterior. Por isso, vive sob falsa liberdade, no sentido de se colocar com onipotência diante de qualquer regulação exterior, não exercitando um autodomínio: "sua liberdade é somente negativa, um mero conceito político que confunde liberdade com irresponsabilidade, uma liberdade vazia porque não sabe com o que preenchê-la ao carecer de um projeto".[156] É muito mais seguro para o homem-massa ser igual a todos, deixar-se nivelar, cair na mediocridade. Os meios de comunicação terminam por auxiliar este tipo de comportamento, uma vez que nivelam a sociedade pelos temas que propõem, sem atentarem para a individualidade, que está em perigo "sob o império da mediocridade".[157] Ele não quer se responsabilizar por coisa alguma, porque a civilização o mima. Ele é como um filho acostumado ao conforto da casa dos pais, que não quer seguir regras externas e enfrentar o próprio destino.[158]

O homem-massa é usufrutuário de direitos, mas não faz a mínima ideia de como esses direitos chegaram até ele, uma vez que não fez nenhum esforço

---
155 RABI, L. "Reflexiones sobre la Cultura Burguesa: La Ética de José Ortega y Gasset". *Revista de Estudios Orteguianos*, 31: 96, 2015 (Madri).
156 PERIS SUAY, A. "El Liberalismo de Ortega más allá del Individualismo". *Revista de Estudios Orteguianos*, 12/13: 181, 2003 (Madri).
157 *Id., Ibid.*
158 ORTEGA Y GASSET, J. *Obras Completas*, t. 4, p. 440.

para tanto. Assim, considera-os "puro usufruto e benefício, dom generoso do destino";[159] neste sentido, lhe basta respirar e evitar a demência. Ao contrário, o homem-nobre tem consciência que os seus direitos são frutos e conquistas de muito esforço, por isso luta para preservá-los. Enquanto o homem-nobre obriga a si mesmo, o homem-massa contenta-se a ser mero receptor da herança civilizacional, em uma atitude puramente passiva, esperando apenas que os bens civilizatórios caiam em suas mãos. Vive na inércia sem ter algo que o faça sair de si mesmo: "por isso chamamos massa esse modo de ser do homem, não tanto por ser multitudinário, mas por ser inerte".[160] Falta autonomia ao homem-massa e, para Ortega, "a autonomia é irrenunciável porque a vida é um *que fazer* pessoal".[161] O homem-nobre, mais do que apenas reagir aos estímulos externos, procura agir ativamente.

O progresso do século XIX fez surgir o fenômeno das massas, que se mostram ao mesmo tempo fortes e indóceis. Segundo Ortega, trata-se do "triunfo das massas e da consequente magnífica ascensão de nível vital".[162] Um dos meios para conter a rebelião e indocilidade das massas, que Ortega vê como "a mais grave crise que a povos, nações, culturas, cabem padecer",[163] é propor a elas modelos de conduta

---

159 *Ibid.*, p. 412.
160 *Ibid.*, p. 413.
161 PERIS SUAY, A. "El Liberalismo de Ortega más allá del Individualismo". *Revista de Estudios Orteguianos*, 12/13: 179, 2003 (Madri).
162 ORTEGA Y GASSET, J. *Obras Completas*, t. 4, p. 385.
163 *Ibid.*, p. 375.

exemplificadas no homem-nobre, porque "a função principal de toda aristocracia é a exemplaridade".[164] Este homem compõe uma minoria qualificada que indica e corrige o caminho, tratando com esmero o seu projeto de vida, assumindo-o com inteligência e vontade, entregando-se total e diariamente a ele, não obstante as muitas dificuldades.[165]

O homem-massa se equivoca ao pensar que basta ter ideias; é necessário expô-las ao crivo das discussões, para ver se elas se sustentam. Para isso, é preciso estar aberto ao diálogo. Mas, discutir o que quer que seja não convém ao homem-massa, pois ele se sustenta no direito de "impor e dar vigor de lei às suas opiniões de mesa de bar",[166] e, assim, Ortega constata que "na Europa, a novidade é acabar com as discussões ao se detestar toda forma de convivência que por si mesma implique no acatamento de normas objetivas, seja na conversação ou no Parlamento, passando também pela ciência".[167] É um retrocesso social, pois, renunciando-se ao diálogo, renuncia-se também à cultura e cada um passa a impor a sua própria opinião, transformando a praça pública em Torre de Babel.

Na medida em que o homem prova ser mais autêntico e autônomo, passa a romper com a massificação na qual está imerso. Essa atitude o auxilia também a realizar a contento o próprio programa

---
164 ALONSO DACAL, G. "La Rebelión de las Masas: Pronóstico de una Realidad Desafiante". *Revista de Estudios Orteguianos*, 2: 274, 2001 (Madri).
165 *Ibid.*, p. 275.
166 ORTEGA Y GASSET, J. *Obras Completas*, t. 4, p. 379.
167 *Ibid.*, p. 419.

de vida, "que cada qual descobre experiencialmente, confrontando-se com a realidade".[168] Ter uma postura de puro realismo diante da vida é aceitá-la como é, sem cair no desespero ou na angústia. Diante dos reveses da vida, Ortega sugere uma atitude magnânima: uma virtude fundamental, que auxilia o homem a enfrentar a realidade imperfeita, contingente e inóspita, a realidade humana.

Para Ortega, "a vida é em si mesma e sempre um naufrágio",[169] mas, acentua: "naufragar não é afogar-se".[170] E procura deixar clara sua posição contra o existencialismo de Heidegger, Kierkegaard e Unamuno, que, a seu ver, "necessita de obscuridade, Morte e Nada, como o viciado de sua droga".[171] Para marcar posição frente a esse tipo de existencialismo, Ortega se opõe à Unamuno e sua intuição do *sentido trágico da vida*, que, para ele, não passa de "imaginação romântica", "arbitrária" e "melodramática", e sugere "um sentido desportivo e festival da existência".[172] Ele considera que, não obstante "a consciência de naufrágio, o ser da verdade da vida é a salvação".[173] Evidentemente, Ortega conhecia o pensamento de Kierkegaard, mas não se deixou influenciar por ele, pelo contrário, destila ao filósofo de Copenhague, que considera um "histrião de si mesmo" e "marionete de

---

168 PERIS SUAY, A. "El Liberalismo de Ortega más allá del Individualismo". *Revista de Estudios Orteguianos*, 12/13: 192, 2003 (Madri).
169 ORTEGA Y GASSET, J. *Obras Completas*, t. 5, p. 122.
170 *Id., Ibid.*
171 *Id. Obras Completas*, t. 9, p. 1141.
172 *Id., Ibid.*
173 *Id. Obras Completas*, t. 5, p. 122.

Hegel", críticas severas ao seu "romantismo que envenenou o cristianismo".[174] Kierkegaard é um dos muitos existencialistas que apresentam a vida como alguma coisa de amargo, o que Ortega desaprova. Se o homem se percebe descontente de sua existência, é porque existe dentro de si uma vontade de romper a inércia e se lançar em busca de uma realização vital mais ampla. O descontentamento do homem indica "um instinto frenético rumo ao ótimo, significa criação, luta e resistência".[175]

5. O homem-massa e a técnica

O capitalismo e a ciência experimental, aliados à democracia liberal, fizeram surgir a técnica no cenário ocidental, propiciando um alto nível de desenvolvimento e progresso no novo mundo.[176] Porém, com eles surgiu também o homem-massa, dado que o cenário mundial nunca esteve tão favorável para o homem ocidental no que se refere a bem-estar material e assunção de direitos individuais. Ortega passa a entender a técnica como um "caminho que o homem buscou para sentir-se feliz e para atualizar seus desejos".[177] Como, para o vulgo, a vida significa, acima de tudo, sobrevivência, mesmo que venha a faltar bens ou dinheiro, o progresso ocidental permite que

---
174 Id. *Obras Completas*, t. 9, p. 1143.
175 LEDESMA PASCAL, F. "El Mal Radical: Notas sobre 'La Rebelión de las Masas'." *Revista de Estudios Orteguianos*, 2: 132, 2001 (Madri).
176 ORTEGA Y GASSET, J. *Obras Completas*, t. 4, p. 406.
177 REGALADO GARCÍA, A. *El Laberinto de la Razón: Ortega y Heidegger*. Madri: Alianza, 1990, p. 299.

ele ainda possa usufruir de uma série de vantagens, como a aspirina, por exemplo.[178] O problema é que o homem-massa não reconhece esse progresso como fruto do esforço de uma comunidade de homens, e, portanto, a depender dele, essas conquistas podem, a qualquer momento, ruir.

Ortega detecta uma contradição no potente aparato tecnológico da modernidade, no que se refere à formação intelectual do homem desse tempo. A contradição se dá ao constatar o fortalecimento da ciência e da tecnologia simultaneamente a uma formação intelectual menos profunda do homem se comparada aos seus antecessores, o que leva Ortega a chamar o homem do século XX de *primitivo*. É um homem mais forte e saudável, porém, culturalmente raso, o que dá a impressão de ser um "homem primitivo surgido inesperadamente em meio a uma velhíssima civilização".[179]

É preciso deixar claro que, em Ortega, o que caracteriza o homem-massa é a postura inerte e cômoda que adota diante de si mesmo e da civilização. Assim, não vem ao caso se ele tem mais ou menos recursos econômicos. É o tipo de homem que predomina na modernidade e pode ser encontrado em todas as classes sociais, inclusive na burguesia, que, ao ver de Ortega, exerce o poder social, impondo o espírito da época.[180] Também na burguesia

---

178 *Ibid.*, p. 407.
179 *Ibid.*, p. 403.
180 ORTEGA Y GASSET, J. *Obras Completas*, t. 4, p. 442.

encontra-se o homem de ciência que, ao se deixar massificar, torna-se primitivo, um bárbaro moderno, um mero *especialista*.

O progresso da ciência no Ocidente atingiu um grau inaudito de complexidade e grandeza em que os homens que dela se ocupavam viram-se obrigados a escolher um setor específico de pesquisa e investigação, daí a especialização. Se isso os ajudava a progredir no trabalho científico dentro do setor escolhido, por outro lado, foram "progressivamente perdendo contato com as demais partes da ciência, com uma interpretação integral do universo".[181] E, assim, o cientista moderno passou a conhecer o máximo do mínimo, abrindo mão de conhecer a ciência em seu aspecto mais amplo. Desse fato, Ortega extrai o seguinte diagnóstico: "a ciência moderna, raiz e símbolo da civilização atual, dá acolhida dentro de si ao homem intelectualmente médio e lhe permite operar com bom êxito".[182]

A crescente mecanização industrial com seus respectivos manuais de instrução propiciou o aparecimento do especialista, pois mecanização e métodos não demandam grandes qualidades teóricas e intelectuais e nem obriga possuir "ideias rigorosas sobre o sentido e fundamento deles".[183] Mesmo sendo considerado um homem de ciência, o especialista sabe pouco, pois, de toda a realidade, conhece apenas uma ínfima parte:

---

181 *Ibid.*, p. 443.
182 *Id., Ibid.*
183 *Id., Ibid.*

"ele sabe muito bem sobre o mínimo e ignora todo o resto".[184] Antigamente, se tinha o homem sábio ou ignorante, o especialista embaralha essas definições, por isso Ortega o define como um sábio-ignorante, pois, ainda que saiba pouco, sabe alguma coisa. E isso é grave por que, mesmo sabendo pouco, ele pensa que sabe tudo, de forma que "se comporta em todas as questões que ignora, não como um ignorante, mas com toda a petulância de quem, naquele mínimo que sabe, é um sábio".[185] Como não sabe muitas das coisas que será instado a opinar, pois da realidade sabe apenas uma pequena parte, o especialista fará ressoar com todas as forças o seu falso saber, assim "se comporta sem qualificação e como homem-massa em quase todas as esferas da vida".[186] O especialista transmutou-se em homem-massa, tomou de assalto as instituições, opina sobre ciência, política, arte, religião. "Eles simbolizam, e, em grande parte, constituem o império atual das massas, e sua barbárie é a causa mais imediata da desmoralização europeia".[187]

Para Ortega, existe na sociedade uma grande carência de homens verdadeiramente cultos. O *especialismo*, que durante um tempo impulsionou a ciência europeia, agora é o responsável pelo fato de essa mesma ciência ter estancado, à espera de homens que consigam operar uma síntese mais ampla do conhecimento. Uma das causas deste

---

184 *Ibid.*, p. 444.
185 *Id., Ibid.*
186 *Id., Ibid.*
187 *Ibid.*, p. 445.

estancamento consiste no fato do especialista desconhecer as condições históricas do surgimento e da perduração do ambiente científico, fruto de uma adequada organização da sociedade.[188]

O caminho para superar esse *especialismo* inócuo é a reflexão; é preciso recolocar a atividade intelectual em primeiro lugar. Um desafio para a sociedade espanhola, certa de que tentar "melhorar seus atributos, tanto espirituais quanto intelectuais, é algo secundário".[189] Um caminho reflexivo que somente o homem-nobre está aberto a empreender, visto que o homem-massa está "sempre satisfeito com o que já é".[190]

6. A técnica como triunfo do homem-massa

Para Ortega, o homem, "tendo recebido uma constituição natural, deve inexoravelmente fazer-se humano".[191] O desencontro do ser do homem com o ser da natureza gera uma espécie de "centauro ontológico",[192] no homem está presente algo de sobrenatural, e que, portanto, vai além da natureza como mera biologia, que o impulsiona a realizar

---
188 *Id., Ibid.*
189 RABI, L. "Reflexiones sobre la Cultura Burguesa: La Ética de José Ortega y Gasset". *Revista de Estudios Orteguianos*, 31: 111, 2015 (Madri).
190 *Id., Ibid.*
191 ESTEBAN, P. L. M. "La Crisis del Deseo. 'La Rebelión de las Masas' a la Luz de 'Meditación de la Técnica'". *Revista de Estudios Orteguianos*, 2: 215, 2001 (Madri).
192 ORTEGA Y GASSET, J. *Obras Completas*, t. 5, p. 570.

seu projeto vital.[193] O homem não é apenas biologia corporal ou alma espiritual, é também pretensão de ser, projeto, programa de existência. Ele tem que ganhar a vida, que não está feita, está no ar.[194] Em sua pretensão de ser, o homem se empenha em sobreviver. Porém, o mesmo homem que quer a vida tem o potencial de "aniquilar-se e deixar de estar no mundo".[195]

O instinto de sobrevivência, aliado à consciência de sua radical contingência, torna o homem um ente criativo; ao criar a técnica para se manter na existência, ele transcende a sua circunstância: "a técnica é, antes de tudo, abertura de novas possibilidades de realização da vida humana".[196] Ortega vê "a técnica como a invenção-criação do mundo humano".[197] Se o homem, em sua atual circunstância, não tem fogo, ele o produz. A técnica surge da carência de algo em determinada circunstância. É uma reação enérgica por parte do homem contra um mundo inóspito, que o leva a criar um outro mundo.[198] Ainda que o mundo se apresente inóspito, ao

---

193 ESTEBAN, P. L. M. "La Crisis del Deseo. 'La Rebelión de las Masas' a la Luz de 'Meditación de la Técnica'". *Revista de Estudios Orteguianos*, 2: 216, 2001 (Madri).
194 CORDERO DEL CAMPO, M. A. "La Idea de la Técnica en Ortega". *Revista de Estudios Orteguianos*, 5: 171, 2002 (Madri).
195 ORTEGA Y GASSET, J. *Obras Completas*, t. 5, p. 555.
196 DIÉGUEZ LUCENA, A. J. "La Acción Tecnológica desde la Perspectiva Orteguiana: el Caso del Transhumanismo". *Revista de Estudios Orteguianos*, 29: 134, 2014 (Madri).
197 QUIRÓZ, J. L. G. "La Meditación de Ortega sobre la Técnica y las Tecnologías Digitales". *Revista de Estudios Orteguianos*, 12/13: 103, 2006 (Madri).
198 ORTEGA Y GASSET, J. *Obras Completas*, t. 5, p. 558.

mesmo tempo, existe no mundo uma série de facilidades para o homem, tornando o mundo habitável. Assim, o homem deve equilibrar-se entre facilidades e dificuldades. Essa situação dá à realidade humana um especial caráter ontológico.[199]

Por meio da técnica o homem modifica o mundo, tornando-o menos ameaçador e alcançando, assim, um bem-estar. Por poder amestrar o mundo com a técnica, o homem a levou a tal potência, que com ela modelou até mesmo o planeta, na medida em que, pelo seu engenho e esforço, supera o próprio estado da natureza.[200] A técnica procura superar a natureza para satisfazer as necessidades humanas que se apresentam em determinadas circunstâncias. Ela é a "reforma da circunstância natural, para que haja o que antes não havia sem ela".[201] Ao sentirmos frio, o que faz a técnica? Põe o calor junto à sensação de frio e anula o frio, enquanto evento natural indigente e problemático. Assim, eliminar o frio é um ato técnico que reforma a circunstância, diminuindo o esforço e o desconforto do homem em determinada situação.[202]

Para Ortega, as necessidades humanas são importantes para compreender o que é a técnica. Ele faz uma distinção entre o bem-estar e o "não estar" e conclui que aquele que não tem o bem-estar simplesmente

---
199 *Ibid.*, p. 569.
200 IBAÑEZ, L. C. "Apunto para una Filosofía de la Cultura en Ortega y Gasset". *Revista de Estudios Orteguianos*, 4: 118, 2002 (Madri).
201 CORDERO DEL CAMPO, M. A. "La Idea de la Técnica en Ortega". *Revista de Estudios Orteguianos*, 5: 170, 2002 (Madri).
202 ORTEGA Y GASSET, J. *Obras Completas*, t. 5, p. 559.

não vive, pois estar bem é mais importante que estar no mundo.[203] Assim, Ortega vê a técnica como "a produção do supérfluo",[204] pois o homem serve-se da técnica para não apenas viver, mas viver bem. Se fosse para apenas viver, bastaria o instinto animal; mas o homem quer mais que isso, ele quer qualidade de vida: "a técnica é imprescindível por possibilitar satisfazer coisas supérfluas, que sem elas uma vida humana não mereceria ser vivida".[205] Neste sentido, o animal é atécnico, pois "se contenta em viver com aquilo que é objetivamente necessário para o simples existir".[206]

Para o homem, a técnica e o bem-estar podem ser considerados sinônimos. Para saber o que é bem-estar, é necessário saber se este realmente preenche a necessidade humana. O bem-estar é sempre móvel, variável, depreende-se daí que as necessidades também o são: "essas coisas supérfluas, no entanto, necessárias para o bem-estar não são fixas. Dependem da ideia que, em cada circunstância, o ser humano se faça do que consiste o bem-estar".[207] A técnica encontra-se a reboque do bem-estar, e, assim como este, é volátil: "a técnica depende, em cada momento, do que o homem imagina como seu bem-estar".[208]

---

203 *Ibid.*, p. 561.
204 *Id., Ibid.*
205 DIÉGUEZ LUCENA, A. J. "La Acción Tecnológica desde la Perspectiva Orteguiana: el Caso del Transhumanismo". *Revista de Estudios Orteguianos*, 29: 136, 2014 (Madri).
206 ORTEGA Y GASSET, J. *Obras Completas*, t. 5, p. 562.
207 DIÉGUEZ LUCENA, A. J. "La Acción Tecnológica desde la Perspectiva Orteguiana: el Caso del Transhumanismo". *Revista de Estudios Orteguianos*, 29: 136, 2014 (Madri).
208 CORDERO DEL CAMPO, M. A. "La Idea de la Técnica en Ortega". *Revista de Estudios Orteguianos*, 5: 171, 2002 (Madri).

Aquilo que antes vinha sendo considerado bem-estar, por diversas razões deixou de sê-lo, e os chamados progressos técnicos de então foram abandonados e seu rastro perdido.

Ortega lembra que é função da técnica diminuir ou, até mesmo, quase eliminar o esforço. Portanto, o homem se esforça para poupar esforço! Porém, reconhece que a técnica é um esforço menor com o qual se evita um esforço maior. Mas o que o homem fará na falta de esforço, se a técnica o substitui no trabalho? O que o homem fará com o seu tempo livre, pois, a técnica ocupará um espaço laboral que era dele? É uma questão que está contida na essência da própria técnica e permite afrontar o mistério do homem. No espaço de liberdade que a técnica lhe proporciona, uma vez que assume seu trabalho, o homem reinventa a vida, e essa vida reinventada é que se chama vida humana, bem-estar.

O homem-massa não tem essa visão da técnica como um esforço, uma reinvenção da vida. Ele, que recebeu um mundo desenvolvido, não se pergunta por que esse mundo é assim. Porta-se como aquele menino mimado que está convencido de "que tudo lhe é permitido e nada o obriga".[209] É um tipo de homem que acredita não dever nada a ninguém, "nem à história e nem aos seus concidadãos".[210] O triunfo desse tipo de individualismo é tudo o que o

---
209 ORTEGA Y GASSET, J. *Obras Completas*, t. 4, p. 408.
210 PERIS SUAY, A. "El Liberalismo de Ortega más allá del Individualismo". *Revista de Estudios Orteguianos*, 12/13: 170, 2003 (Madri).

homem-massa precisa para se justificar e assumir um protagonismo, que, segundo Ortega, não lhe pertence. A técnica oriunda das massas não agrega valor ao homem, permitindo-o viver bem a vida, mas dá "origem a um individualismo tecnocrático, de um homem que só se preocupa consigo mesmo e que, portanto, representa um perigo para as sociedades liberais e democráticas".[211] Uma sociedade massificada não estimula a presença de um individualismo saudável, de uma autonomia responsável: "com o império das massas se aplainam as individualidades e ser diferente é considerado uma indecência intolerável".[212]

O novo homem, primitivo, que surge no mundo civilizado, da civilização lhe interessa apenas o progresso tecnológico. Ele usufrui da tecnologia, mas, paradoxalmente, não sente vontade de entender os complexos meandros da ciência, o que ocasiona uma carência de cientistas, justamente em um momento em que a sociedade tem uma grande demanda de tecnologia.[213] O homem-massa se refestela com o progresso científico, mas é o último a valorizar tal progresso, não tem "a menor solidariedade íntima com o destino da ciência".[214] Este fato é um claro sinal de barbárie, o que faz ver no homem-massa um homem primitivo, um bárbaro, um *invasor vertical*.[215] Mais importante do que uma

---
211 *Ibid.*, p. 171.
212 *Ibid.*, p. 181.
213 ORTEGA Y GASSET, J. *Obras Completas*, t. 4, p. 423.
214 *Ibid.*, p. 427.
215 *Id., Ibid.*

hipertrofia da técnica é o projeto vital, que indica o caminho para que o homem-massa faça a transição de uma vida vazia e inautêntica para uma vida que valha a pena ser vivida, uma vida autêntica, na medida em que abre melhores possibilidades para que o projeto vital – que anime a todos e não apenas uma minoria – se concretize.

7. Democracia ou hiperdemocracia

Os indivíduos que compõem as massas sempre estiverem aí. Antes, não se faziam notar e levavam a vida "em pequenos grupos, solitários e distantes".[216] A rigor, este fato não é novo. A novidade que Ortega constata é que, na atualidade, "a multidão se fez visível, e se instalou em lugares de destaque da sociedade".[217] Antes ela não era um problema porque "passava inadvertida, ocupava o fundo do cenário social".[218] A atual visibilidade das massas é que agora ela é o "personagem principal",[219] o que leva Ortega a concluir: "já não há protagonistas, somente coro".[220]

Os indivíduos que hoje compõem as massas não interferiam antes em assuntos complexos da vida social por estarem distantes dos centros de tomada de decisões, em sítios, campos, aldeias ou vilas.[221] Ainda, tomar decisões exigia certo preparo

---
216 *Ibid.*, p. 376.
217 *Ibid.*, p. 377.
218 *Id., Ibid.*
219 *Id., Ibid.*
220 *Id., Ibid.*
221 *Ibid.*, p. 376.

intelectual, e assim, a multidão deixava a missão de dirigir a sociedade às minorias melhores, que detinham mais informações e competência para propor projetos, dirigir, governar.[222] Ortega avalia que, em seu tempo, as primeiras décadas do século XX, tudo mudou. Agora, as massas se fazem presentes e falam sobre tudo e a toda hora, discutem o judiciário, falam de política nacional e internacional, falam da guerra e da paz, do justo e do injusto, do capitalismo e do comunismo, da cultura e da falta desta, e por aí vai. O grande problema, para Ortega, é que a multidão não tem competência para tal.[223]

Quando o poder público se encontra nas mãos de um representante das massas, ele se torna, ao mesmo tempo, onipotente e efêmero; eliminam-se as oposições e busca-se um completo domínio do espaço público, eliminando projetos consensuais e programas de vida que visam o progresso da coletividade. Assim, o homem-massa, que integra uma sociedade desse tipo, "carece de projeto e vai à deriva, não constrói nada, ainda que seu poder seja enorme".[224]

Se antes a massa não se envolvia com a política e a deixava a cargo de pessoas preparadas para tal – e, para Ortega, essa era a democracia liberal –, hoje não é assim: "eu duvido que tenha havido outras épocas da história em que a multidão governasse tão diretamente como em nosso tempo. Por isso falo de

---

222 LÓPES DE LA VIEJA, M. T. "Democracia y Masas en Ortega y Gasset". *Revista de Estudios Orteguianos*, 1: 137, 2000 (Madri).
223 ORTEGA Y GASSET, J. *Obras Completas*, t. 10, p. 139.
224 *Id. Obras Completas*, t. 4, p. 401.

hiperdemocracia".[225] Ortega utiliza o termo para denunciar que, com o advento das massas, a democracia, aos poucos, vai deixando de lado um de seus sentidos originais, a saber, o cumprimento da lei. Assim, triunfa uma hiperdemocracia onde a lei é a pressão material, aspirações e gostos pessoais.[226] Em Ortega, o termo hiperdemocracia nasce de uma "valoração negativa da situação social e política daquele momento, caracterizado pela emergência das massas".[227] A hiperdemocracia capitaneada pelas massas instaura o reino da ignorância em detrimento da excelência.[228] A democracia liberal, pelo contrário, propõe meios para instaurar a excelência, através da convivência pacífica das vontades, da pluralidade enriquecedora, tornando fecundo o terreno que faz crescer o progresso.[229] A hiperdemocracia, por sua vez, anula e destrói não só o homem, mas todo um projeto de vida em sociedade: "nessa convivência autoritária, igualitária, massificada, o homem e todo o humano naufragam".[230]

Assim, para Ortega, o liberalismo é o remédio para o que considera o grande mal da Espanha: o particularismo, atitude própria do homem-massa, que busca o isolamento e um individualismo exacerbado.

---

225 *Ibid.*, p. 380.
226 *Ibid.*, p. 379.
227 LÓPES DE LA VIEJA, M. T. "Democracia y Masas en Ortega y Gasset". *Revista de Estudios Orteguianos*, 1: 136, 2000 (Madri).
228 JAHANBEGLOO, R. "Leyendo a José Ortega y Gasset em el Siglo XXI". *Revista de Estudios Orteguianos*, 14/15: 97, 2007 (Madri).
229 ALONSO DACAL, G. "La Rebelión de las Masas: Pronóstico de una Realidad Desafiante". *Revista de Estudios Orteguianos*, 2: 278, 2001 (Madri).
230 *Id., Ibid.*

Com essa postura, compromete o consenso nacional, uma vez que vê apenas o seu interesse.[231] O madrilenho termina por vincular o liberalismo à minoria melhor, na medida em que esta, ao seu ver, propõe "novos modelos plurais e revolucionários de vida".[232]

O liberalismo é uma vacina contra a onipotência do poder público que garante o direito a quem pensa diferente, distanciando-se das massas hiperdemocráticas igualitárias, que pregam a uniformidade a qualquer custo. Para Ortega, o liberalismo é praticamente uma carta branca que as maiorias outorgam às minorias melhores a fim de que sejam conduzidas. É de uma nobreza tal que "proclama a decisão de conviver com o inimigo, mais ainda, com o inimigo débil".[233]

Na hiperdemocracia do homem-massa não se vê autodisciplina ou nobreza de espírito, se vê apenas a "conquista pelo direito à vulgaridade e a atuação à margem da lei.[234] Para Ortega, é preciso estimular o liberalismo para que "a minoria possa exercer sua influência".[235] Assim, a sociedade melhora como um todo em suas condições culturais, econômicas e políticas. Se a Espanha e a Europa encontram-se em crise moral e de cidadania, a melhor solução é o liberalismo, que "é o projeto político mais de acordo com a

---
231 PERIS SUAY, A. "El Liberalismo de Ortega más allá del Individualismo". *Revista de Estudios Orteguianos*, 12/13: 181, 2003 (Madri).
232 *Ibid.*, p. 195.
233 ORTEGA Y GASSET, J. *Obras Completas*, t. 4, p. 420.
234 ESTEBAN, P. L. M. "La Crisis del Deseo. 'La Rebelión de las Masas' a la Luz de 'Meditación de la Técnica'". *Revista de Estudios Orteguianos*, 2: 219, 2001 (Madri).
235 PERIS SUAY, A. "El Liberalismo de Ortega más allá del Individualismo". *Revista de Estudios Orteguianos*, 12/13: 184, 2003 (Madri).

promoção do indivíduo, da originalidade e do sentido crítico frente à tendência de homogeneidade".[236] As democracias ocidentais podem transmutar com muita facilidade – se já não o fizeram – em sociedades de massas que "destroem a qualidade e estendem seus efeitos niveladores, cada vez mais, às regiões da vida cultural".[237]

Ortega traz consigo o temor de que a própria sociedade possa inviabilizar a democracia liberal, um sistema surpreendente e com tantas sutilezas: "é um exercício demasiado difícil e complicado para que se consolide na terra".[238] A massa não quer saber das sutilezas da convivência democrática, da convivência com o contraditório, "não deseja a convivência com o que não é ela. Odeia até a morte o que não é ela".[239]

Segundo Ortega, o progresso humano não está imune a retrocessos, é instável como a vida, "porque a vida, individual ou coletiva, pessoal ou histórica, é a única entidade do universo cuja substância é perigo".[240] O homem-massa, que se apoderou das instituições democráticas, é o maestro do retrocesso, não lhe interessando "os princípios da civilização, de nenhuma delas".[241]

A preocupação de Ortega com a possível derrocada da civilização consiste no fato da civilização

---

236 *Id., Ibid.*
237 CSEJTEI, D. "La Presencia de Ortega y Gasset en la Obra de István Bibó". *Revista de Estudios Orteguianos*, 2: 208, 2001 (Madri).
238 ORTEGA Y GASSET, J. *Obras Completas*, t. 4, p. 420.
239 *Id., Ibid.*
240 *Ibid.*, p. 422.
241 *Ibid.*, p. 423.

não sustentar a si mesma, ao contrário da natureza. O grave é que o homem-massa não se conscientiza disso. Para ele, tudo está aí naturalmente ao seu dispor, não dando valor à cultura. Para agravar ainda mais o problema, como "a civilização, quanto mais avança, mais complexa e mais difícil se torna",[242] poucos melhores preparados poderiam contribuir para uma solução, e o vulgo não quer saber dessas minorias melhores. A recusa do vulgo em ceder espaços para quem tem reais condições de guiar e conduzir o agrupamento humano se constitui como uma tragédia para a civilização, pois o vulgo não tem o repertório teórico para afrontar problemas complexos. Por mais incrível que possa aparecer, o homem-massa demonstra-se aquém do próprio progresso civilizatório. O filósofo o compara com um caipira com dedos grossos que anseia por pegar uma agulha sobre a mesa ou que, totalmente anacrônico, quer manejar temas políticos e sociais com um repertório teórico inadequado aos tempos de hoje.[243]

A complexidade da civilização traz consigo a cada época novos problemas, porém, cada geração deve ter condições de trazer consigo soluções para estes.[244] E isso somente é possível, diz Ortega, à medida que cada geração constrói e valoriza sua

---

242 *Ibid.*, p. 429.
243 *Ibid.*, p. 430.
244 SUÁREZ NORIEGA, G. "El Círculo Humano de lo Social. La Continuidad Convivencia-Sociedad en el Pensamiento de Ortega y Gasset". *Revista de Estudios Orteguianos*, 2: 231-241, 2001 (Madri).

própria história, pois a vida é sempre diferente do que foi e não se pode cometer os erros ingênuos de outros tempos. Portanto, é motivo de preocupação constatar que "a história europeia parece, pela primeira vez, entregue à decisão do homem vulgar como tal".[245] A solução seria confiar os cuidados da nação a políticos oriundos das minorias melhores, que tenham como características virtudes tais como a magnanimidade, capazes de altruísmos e dispostos em colocar a nação e o seu povo em primeiro plano, sem procurar privilégios na vida pública.[246]

O homem-massa deve reconhecer-se incapaz de dirigir a sociedade e convencer-se que o homem-nobre possui as qualidades necessárias a tal função. Ao não reconhecer sua incapacidade, ele toma o lugar dos melhores: "a rebelião das massas consiste precisamente no desconhecimento que os homens de virtude inferior têm em relação aos homens de virtude superior".[247] Não obstante o peso de sua crítica, Ortega confia que o espanhol pode superar a crise na qual está mergulhado e, assim, superar também o império das massas, na medida em que se anime a empreender novos projetos que revitalizem a nação.[248] Se não proceder assim, restará apenas o caminho

---

245 ORTEGA Y GASSET, J. *Obras Completas*, t. 4, p. 434.
246 FRANZÉ, J. "¿Ética de la Política o Ética del Político? Ortega y la Relación Ética-Política en la Época de la Sociedad de Masas". *Revista de Estudios Orteguianos*, 2: 247, 2001 (Madri).
247 ORTEGA Y GASSET, J. *Obras Completas*, t. 4, p. 434.
248 PASCERINI, M. C. "Reflexiones sobre la Crisis de la Vida Colectiva en 'La Rebelión de las Masas' ¿Una Visión Dantesca de la Sociedad?". *Revista de Estudios Orteguianos*, 2: 266, 2001 (Madri).

rumo à barbárie, devido a massificação.[249] Agora, havendo reação, será possível "crer sinceramente em uma sociedade melhor, não dominada pela superficialidade do homem-massa e com a capacidade de realizar projetos benéficos para a coletividade".[250]

Qualquer pessoa tomada de forma individual pode trazer consigo o perfil do homem-massa ou do homem-vulgar, do homem-nobre ou do homem-esnobe. Isso depende da forma como essa pessoa enfrenta a vida e seus projetos. De fato, todo o arrazoado teórico de Ortega "nos obriga a nos interrogar sobre a nobreza ou vulgaridade da vida que levamos".[251] Mas o homem-massa não se interroga acerca de nada. É carente de uma moral simplesmente porque não quer submeter-se a nada e a ninguém, não está a serviço de nada e nem quer obrigação alguma. Para Ortega, a Europa, sob o controle do homem-massa restou sem moral, uma vez que o homem-massa não se deixa guiar por moral alguma. Trata-se do falso revolucionário, que apenas finge preocupar-se com as injustiças sociais, para colocar em prática o seu estilo de vida descompromissado. Para que Ortega não soe elitista demais, Jose Gaos, filósofo espanhol e estudioso de Ortega busca distinguir no pensamento do madrilenho os termos "povo" e "massa": povo "seriam as

---

249 JAHANBEGLOO, R. "Leyendo a José Ortega y Gasset em el Siglo XXI". *Revista de Estudios Orteguianos*, 14/15: 100, 2007 (Madri).
250 PASCERINI, M. C. "Reflexiones sobre la Crisis de la Vida Colectiva en 'La Rebelión de las Masas' ¿Una Visión Dantesca de la Sociedad?". *Revista de Estudios Orteguianos*, 2: 272, 2001 (Madri).
251 *Ibid.*, p. 270.

'classes populares' em sua tradicional distribuição de comarcas; as massas, as mesmas classes em sua moderna agrupação econômica".[252] O povo ainda se relaciona relativamente bem com a minoria aristocrática, a massa, nem isso.

Ortega descobre também outro fenômeno da sociedade espanhola decorrente da massificação, a *nivelação*: "se nivelam as fortunas, se nivela a cultura entre as distintas classes sociais, se nivelam os sexos, se nivelam os continentes".[253] A nivelação iguala a todos, uniformiza todos, mais nas precariedades que nas qualidades. O paradigma cultural que prevalece é o da maioria e tudo se regula tendo como base a ideia de que a vida é cômoda e fácil. A primeira vítima da nivelação é o homem-nobre, que procura lutar contra a corrente "do domínio da burguesia e das massas".[254]

No fenômeno da nivelação é possível, segundo Ortega, constatar que o nível de vida do homem-massa ascendeu e a do homem-nobre descendeu; uma das razões está no fato de que o primeiro usurpou o lugar do segundo: "o nível da história deu um salto em uma geração e a vida humana, em sua totalidade, ascendeu".[255] O nível econômico de vida, tanto do operário quanto do homem médio foi, paulatinamente, aumentando, e o homem médio granjeou

---
252 GAOS, J. "Conferencia dada em el Ateneo de México el 24 de agosto de 1956". In: MEDINA, J. L. (Org.) *José Gaos, los Pasos Perdidos: Escritos sobre Ortega y Gasset*. Madri: Biblioteca Nueva, 2013, p. 199.
253 ORTEGA Y GASSET, J. *Obras Completas*, t. 4, p. 386.
254 *Id., Ibid.*
255 *Ibid.*, p. 384.

para si maior independência financeira, aliada a uma percepção maior de seus direitos, mas "um direito que não se agradece, mas se exige".[256]

Não obstante o progresso da técnica e do advento da democracia liberal, com o surgimento das massas, surgiu também uma desorientação no mundo. Se a massa usurpou o lugar da minoria melhor, quem detém legitimidade para propor que caminho tomar, que rumo seguir? "Vivemos em um tempo em que o homem se sente fabulosamente capaz para realizar, porém não sabe o que realizar; ele domina todas as coisas, porém, não é dono de si mesmo, sentindo-se perdido em sua própria abundância".[257]

O advento das massas é um dado irrefutável do nosso tempo. Portanto, torna-se imperioso não abandonar as massas à própria sorte, e sim fazê-las entender que o mundo de agora é o lugar das infinitas possibilidades. Deve-se dar condições para que o homem-massa possa fazer o trânsito de uma vida inautêntica e massificada para uma vida nobre.

8. Um programa de vida para a Europa

Assim como existe o homem-massa que "sentindo-se vulgar, proclama o direito à vulgaridade e se nega a reconhecer instâncias superiores a ele",[258]

---
256 *Ibid.*, p. 406.
257 *Ibid.*, p. 398.
258 *Ibid.*, p. 461.

existem também os povos-massa, que se rebelam contra os grandes povos criadores, ou seja, as nações europeias, consideradas por Ortega minorias melhores que organizaram a história.[259] A Europa, ao perder a capacidade de dirigir o mundo, começa a passar por graves problemas políticos e sociais. Não podendo gerir as próprias crises internas, a Europa não consegue também gerir as crises externas, e, assim, nações menores, que antes dependiam da orientação de muitos países europeus, veem-se à deriva, sem tarefa para cumprir, sem programa de vida para realizar.[260] A Europa passa por uma crise de desorientação.[261] Ao ver de Ortega, ela, que se mandou no mundo, "não está mais segura de mandar nem de seguir mandando,[262] o que faz com que nações pequenas pensem em reger seus próprios destinos.[263] A França, a Inglaterra e a Alemanha, sem contar Espanha e Portugal, estão em franca decadência com um programa de vida que perdeu a validade. Para Ortega, da desmoralização da Europa, uma vez que esta perdeu sua soberania histórica, surge a desmoralização do mundo: "a Europa não está segura de mandar, nem o resto do mundo de ser mandado".[264]

A Europa não alcançou a hegemonia utilizando a força, mas a conquistou por meio daquilo que

---

259 Id., Ibid.
260 Id., Ibid.
261 PERIS SUAY, A. "El Liberalismo de Ortega más allá del Individualismo". Revista de Estudios Orteguianos, 12/13: 180, 2003 (Madri).
262 ORTEGA Y GASSET, J. Obras Completas, t. 4, p. 459.
263 Ibid., p. 460.
264 Ibid., p. 491.

Ortega chama de "mando", o que para ele significa "prepotência de uma opinião".[265] Ortega vê essa opinião, por imaterial, como um *poder espiritual*.[266] Quem exerce o poder pela força não possui automaticamente o mando, que é o poder que advém do exercício normal da autoridade. Ortega busca exemplificar seu ponto de vista citando o embate de Napoleão contra a Espanha: "Napoleão dirigiu à Espanha uma agressão, sustentou essa agressão durante algum tempo, porém, propriamente não mandou na Espanha nem um só dia".[267] Esse fato permite a Ortega concluir que, nas sociedades humanas, a opinião pública, pela sua força radical, é fundamento do poder de mando.[268] Na medida em que se revela como expressão fiel da vontade do povo, a opinião pública tem força normativa: "o poder mesmo é o resultado de um processo de decantação da opinião pública".[269] Para exercer o poder de mando, e não da força, há de se buscar um mínimo consenso na opinião pública: "o mando político não recai nunca na força, ele é sim o exercício normal de autoridade que recai sempre na opinião pública".[270] O filósofo madrilenho busca distinguir a opinião construída em grupos específicos da opinião

---

265 *Ibid.*, p. 457.
266 *Id., Ibid.*
267 *Ibid.*, p. 456.
268 *Id., Ibid.*
269 PERIS SUAY, A. "El Concepto de 'Opinión Pública' en el Pensamiento Político de Ortega y Gasset". *Revista de Estudios Orteguianos*, 18: 240, 2009 (Madri).
270 *Ibid.*, p. 247.

pública. A opinião que se estabelece na esfera pública como consequência do consenso que emerge de grupos plurais é muito mais qualificada e legítima do que a "a opinião particular de um grupo, por enérgico, proselitista e combatente que seja".[271] Como esse tipo de opinião é parcial, ela termina por ser também superficial. Quando a sociedade governada pelas massas não é capaz de fundamentar suas ideias, incorre no superficialismo, faltando-lhe ideias claramente pensadas.[272] Tal superficialismo impede que o indivíduo se proponha refletir sobre a situação presente, uma vez que atua mecanicamente sobre elas.[273] Para Ortega, valerá mais a opinião pública advinda de consensos, do que a opinião particular de grupos singulares, uma vez que esses grupos singulares trazem consigo projetos que não contemplam a coletividade, mas apenas aos seus próprios interesses: "desaparece o consenso social gerando um clima propício para alimentar a discórdia e o confronto entre os cidadãos".[274] Existe ainda um perigo social quando a opinião pública não vem estimulada. Nesse caso, flerta-se com os totalitarismos, uma vez que, na ausência da opinião pública, o que aparece em seu lugar é a força bruta: "se adianta esta como substituta daquela".[275]

---

271   *Id., Ibid.*
272   ORTEGA Y GASSET, J. *Obras Completas*, t. 9, p. 321.
273   *Id., Ibid.*
274   LLANO-ALONSO, F. H. "La Teoría Orteguiana sobre el Origen Deportivo del Estado". *Revista de Estudios Orteguianos*, 16/17: 164, 2008 (Madri).
275   ORTEGA Y GASSET, J. *Obras Completas*, t. 4, p. 457.

Opinião pública, para Ortega, significa "ideias, preferências, aspirações, propósitos",[276] enfim, um poder espiritual que traduz o espírito do tempo, ainda que seja uma "opinião pública intramundana e mutável".[277] Exatamente por conta desse poder espiritual que obriga a opinar até quem não tem opinião é que a sociedade humana avança. Como se vê, para Ortega, nas sociedades de massas, a opinião pública, por ser fruto desse tipo de sociedade, torna-se um "mal necessário". Ainda que massiva, deve ser utilizada pelas minorias melhores como antídoto ao perverso mecanismo da massificação total, portanto, deve-se "contribuir para sua formação mediante a educação, ampliando assim o conceito tradicional da política",[278] ou seja, é bom que se forme e eduque a opinião pública afim de que ela não se transforme em massa de manobra de grupos que não tenham como objetivo o bem comum. A ausência da opinião pública pode ocasionar uma exacerbação do dissenso, em detrimento da prática do diálogo com vistas à construção de consensos.

Uma das ideias-chave para entender a filosofia de Ortega é buscar compreender como o pensador madrilenho destaca a importância de um programa de vida para o indivíduo e para a nação. Quem elege um programa de vida para a sua existência, coloca-se

---

276 *Id., Ibid.*
277 *Id., Ibid.*
278 PERIS SUAY, A. "Concepto de 'Opinión Pública' en el Pensamiento Político de Ortega y Gasset". *Revista de Estudios Orteguianos*, 18: 230, 2009 (Madri).

em movimento. Ter o poder de "mando" é, sobretudo, propor um "que fazer" às pessoas, colocá-las a caminho, não deixá-las seguir na inércia, em uma vida vazia e desolada.[279] Até então, quem propunha esse programa era a Europa e, para Ortega, era ela quem deveria continuar propondo-o, pois, ainda que Estados Unidos e Rússia fossem considerados potências, careciam de experiência, sendo nações ainda novas. Dessa forma, se a Europa não firmasse o compromisso de procurar uma saída para sua *débâcle,* o mundo experimentaria o caos. Para ele, uma das possíveis soluções para que a Europa reconquistasse sua relevância no cenário mundial seria a formação dos Estados Unidos da Europa, o que significaria a união das várias nações europeias, "a pluralidade europeia substituída por sua formal unidade".[280] O gênio europeu não poderia viver de improvisos, mas de grandes ideias, ou seu destino estaria comprometido, pois, "a vida criadora supõe um regime de alta higiene, de grande decoro, de constantes estímulos, que excitam a consciência de dignidade".[281] A disciplina que a vida criadora precisa só funciona em uma sociedade onde esteja muito claro quem é que manda e quem é que obedece: "ou mando ou obedeço".[282] Quem obedece deve estimar aquele que manda e colocá-lo como modelo a ser seguido.

Além do projeto de reconstrução da hegemonia europeia, Ortega traz para si a responsabilidade de

---
279 ORTEGA Y GASSET, J. *Obras Completas*, t. 4, p. 462.
280 *Ibid.*, p. 464.
281 *Ibid.*, p. 468.
282 *Id., Ibid.*

propor a reconstrução de uma nova Espanha, urbana, moderna, deixando para trás a velha Espanha, agrária. Construir uma Espanha grande é o maior sonho do jovem Ortega.[283] Para ele, a sociedade humana dá um importante passo ao descobrir, para além do campo, o espaço urbano, e vê como uma grande inovação "construir uma praça pública e ao redor, uma cidade de costas para o campo".[284] É um passo importante, visto que, para Ortega, "o homem do campo é um vegetal. Sua existência, quando pensa, sente e quer, conserva a modorra inconsciente em que vive a planta".[285] A praça é a negação do campo; com seus muros, se opõe a ele. Eis aí estabelecido o espaço civil, em que o homem não está mais em comunhão com a planta e o animal.[286] Juntamente com o espaço civil vem o cidadão: "é a república, a *politeia*, que não se compõe de homens e mulheres, mas de cidadãos. Dessa maneira nasce a *urbe* como Estado".[287]

Em um primeiro momento, o Estado se forma na fusão de vários povos buscando uma unidade, que se funda na convivência política e moral e nas identidades linguística, geográfica e étnica, sendo a "unificação de povos distintos para colaborar em uma empresa imaginada em que todos se sintam solidários e parte".[288] Em um segundo momento,

---
283 CACHO VIU, V. *Repensar el Noventa y Ocho*. Madri: Biblioteca Nueva, 1997, p. 123.
284 ORTEGA Y GASSET, J. *Obras Completas*, t. 4, p. 472.
285 *Id., Ibid.*
286 *Ibid.*, p. 473.
287 *Id., Ibid.*
288 PERIS SUAY, A. "Concepto de 'Opinión Pública' en el Pensamien-

buscando consolidar-se, o Estado procura destacar sua singularidade dos outros povos, dando lugar ao nacionalismo: "é o período em que o processo nacional toma um aspecto de exclusivismo, de fechar-se dentro de si mesmo".[289] Fechados em si e atentos aos seus próprios problemas, ainda assim os Estados seguem compondo alianças e acordos, ainda que se considerem potenciais adversários. Um terceiro e último momento é o Estado plenamente consolidado, que busca compor-se com outros Estados, conforme os seus próprios interesses, visando um amplo pacto internacional. É o tipo de organização que Ortega vê como uma saída para as nações europeias, Espanha incluída, pois, "somente a decisão de construir uma grande nação com o grupo de povos continentais faria voltar à pulsação da Europa".[290]

Para construir Estados verdadeiramente fortes é necessário contar com as minorias melhores, uma vez que as massas instrumentalizam o Estado, esperando que resolva todos os seus problemas. Também o Estado, com o seu intervencionismo, termina por instrumentalizar o homem-massa, colocando-o a seu serviço e abolindo sua liberdade.[291] O Estado, agora tornado mastodôntico, faz do povo *carne e pasta* para alimentar a si mesmo.[292]

---

to Político de Ortega y Gasset". *Revista de Estudios Orteguianos*, 18: 249, 2009 (Madri).
289   ORTEGA Y GASSET, J. *Obras Completas*, t. 4, p. 489.
290   *Ibid.*, p. 493.
291   PERIS SUAY, A. "El Liberalismo de Ortega más allá del Individualismo". *Revista de Estudios Orteguianos*, 12/13: 182, 2003 (Madri).
292   ORTEGA Y GASSET, J. *Obras Completas*, t. 4, p. 451.

Na sociedade de massas, a relação do homem com o Estado traz consigo a marca da equivocidade, e termina por dar lugar ao que Ortega chama de *estatismo* que se revela como ação direta e profissional da violência. O Estado, ao destituir arbitrariamente Miguel Unamuno do reitorado da Universidade de Salamanca, faz Ortega exclamar: "não somos para o Estado, ele é para nós".[293]

Antes, o Estado era quase nada, mas, com a burguesia, que "sabia organizar, disciplinar, dar continuidade e articulação ao esforço",[294] potencializou-se e se fortaleceu. A cada vez que o Estado intervém na sociedade, extrapolando suas funções, violenta a espontaneidade social, impedindo, assim, que iniciativas que surgem dos cidadãos possam ser viabilizadas. A sociedade e o homem ficam atrelados ao Estado, tendo que viver para ele. Assim, o Estado, que é simplesmente uma máquina mantida por aquilo que está ao seu redor, depois de sugar o tutano da sociedade, morre miseravelmente.[295]

Se o estatismo, por si só, é algo negativo, tanto pior se a massa toma posse do Estado. O homem-massa vê o Estado como um porto seguro e o instrumentaliza, esquecendo-se, porém, que o Estado é criação humana, de outros, e não coisa sua. Mas, como pensa ser o Estado sua propriedade, direciona a ele os seus problemas, encarregando-o de resolvê-los "com seus gigantescos e incontrastáveis meios".[296] Além do mais, o

---

293 *Id. Obras Completas*, t. 7, p. 395.
294 *Id. Obras Completas*, t. 4, p. 448.
295 *Ibid.*, p. 450.
296 *Ibid.*, p. 449.

homem-massa crê ser o próprio Estado, e afasta tudo o que ameaça essa crença, incluindo as minorias criadoras. O Estado fica refém dos desejos e apetites do homem-massa, configurando-se um perigo. Portanto, é necessário deixar para trás esse estatismo pernicioso e colocar-se em marcha para construir um projeto de nação. O propósito central da obra orteguiana é "descobrir o funcionamento deficiente dos sistemas de decisão e ação do homem-massa que, ao carecer de um projeto vital, está à deriva".[297]

Se o povo espanhol deseja ser considerado uma nação, é necessário que todos possam aderir a "um projeto de convivência total em uma empresa comum",[298] só assim poderá "aspirar a altos fins".[299] É também necessário estar atento ao fato de que a nação é um projeto em contínua construção, está "sempre se fazendo e se desfazendo",[300] assim como também é preciso considerar a nação como um projeto nacional e buscar a unidade para a necessária estabilidade da nação enquanto tal. A ausência de um projeto compartilhado, e a consequente dispersão dos cidadãos, faz com que a ideia de nação simplesmente desapareça.[301]

Para Ortega, a crise europeia e espanhola tem como uma de suas causas o desconhecimento de

---

297 ARAS, R. E. "Ortega Lector de Ortega: Compresencia de 'La Rebelión de las Masas'." *Revista de Estudios Orteguianos*, 2: 256, 2001 (Madri).
298 ORTEGA Y GASSET, J. *Obras Completas*, t. 4, p. 488.
299 GRACIA, J. *José Ortega y Gasset*. Madri: Taurus, 2014, p. 293.
300 ORTEGA Y GASSET, J. *Obras Completas*, t. 4, p. 488.
301 PERIS SUAY, A. "El Concepto de 'Opinión Pública' en el Pensamiento Político de Ortega y Gasset". *Revista de Estudios Orteguianos*, 18: 249, 2009 (Madri).

quem impõe o mando e, com esse mando, todo um referencial cultural, um programa a ser executado. Nesse contexto, a própria ideia de futuro fica comprometida, pois não se sabe "qual ideologia, qual sistema de preferências, de normas, de recursos vitais"[302] vai imperar.

Na ausência de um programa de vida autêntico, um projeto nacional em que possa concentrar suas forças, a sociedade passa a criar modelos de vidas artificiais "desde a mania do esporte físico até a violência na política; desde a arte nova até os banhos de sol nas ridículas praias da moda".[303] Para ele, nada disso tem raízes, é um tipo de vida que carece de substância, e "tudo isso é vitalmente falso".[304]

Necessário se faz resgatar a ideia de civilização como desejo de convivência, pela articulação de um projeto único, onde cada um possa contar com o outro, superando a dinâmica da massificação: "a massa é primitivismo frente à civilização, que é vontade de convivência, de contar com os demais, isso é: liberalismo democrático".[305] Ainda que esse projeto de nação possa não contemplar a realidade em plenitude, é necessário propô-lo, assim, ele funcionará como um ideal a ser atingido.[306] Construir um projeto utópico enquanto nação e empreender forças para implementá-lo, ainda que pareça mera

---

302 ORTEGA Y GASSET, J. *Obras Completas*, t. 4, p. 492.
303 *Id., Ibid.*
304 *Id., Ibid.*
305 PERIS SUAY, A. "El Liberalismo de Ortega más allá del Individualismo". *Revista de Estudios Orteguianos*, 12/13: 183, 2003 (Madri).
306 ORTEGA Y GASSET, J. *Obras Completas*, t. 4, p. 458.

ilusão, é necessário como motor da ação, pois, "um pais ou continente desmoralizado é um país ou continente sem ilusões".[307]

Ortega, ao articular a *Liga de Educação Política Espanhola*, acreditava que somente pela educação das maiorias, um projeto nacional seria exequível, pois, por meio da educação do povo, seria possível fornecer as condições necessárias para o homem médio transitar de uma vida vulgar para uma vida nobre e autêntica, e, assim, dar também condições para que ele seja um dos protagonistas na confecção de um projeto de nação. O espanhol deve perseguir uma "educação para a cidadania, assumir a responsabilidade coletiva que é capaz de superar o individualismo de interesses e de critérios pessoais".[308] Nesse ponto, retorna Ortega à sua grande intuição de que o homem deve ter um *que hacer*, um programa de vida, seja ele qual for. Só assim terá a própria vida em suas mãos. Ao acreditar que o homem pode estabelecer projetos conjuntamente com seus pares e realizá-los em prol da coletividade, Ortega deixa claro o seu otimismo social.[309]

---

307 SANMARTIN ARCE, J. "La Ética de Ortega: Nuevas Perspectivas". *Revista de Estudios Orteguianos*, 1: 158, 2000 (Madri).
308 *Id., Ibid.*
309 PASCERINI, M. C. "Reflexiones sobre la Crisis de la Vida Colectiva en 'La Rebelión de las Masas' ¿Una Visión Dantesca de la Sociedad?". *Revista de Estudios Orteguianos*, 2: 271, 2001 (Madri).

Referências

Obras de Ortega y Gasset

ORTEGA Y GASSET, José. *Meditações do Quixote*. Comentários Julián Marias. Trad. Gilberto de Mello Kujawski. São Paulo: Livro Ibero-Americano, 1967.

_____. *Obras Completas*. Madri: Taurus, 2004-2010, 10 t.

Obras de outros autores

ALFONSO, Ignacio Blanco. *El Periodismo de Ortega y Gasset*. Madri: Biblioteca Nueva, 2005.

BÍBLIA DE JERUSALÉM. Paulus: São Paulo, 2002.

CACHO VIU, Vicente. *Los Intelectuales y la Política*. Madri: Biblioteca Nueva, 2000.

_____. *Repensar el Noventa y Ocho*. Madri: Biblioteca Nueva, 1997.

GARCÍA MORENTE, Manuel. *Carta a un Amico, su Evolución Filosófica. Ortega y su Tiempo*. Madri: Ministerio de cultura/Palacio de Velázquez del Retiro, mai.-jul. 1983.

GRACIA, Jordi. *José Ortega y Gasset*. Madri: Taurus, 2014.

LASAGA MEDINA, José (Ed.). *José Gaos, Los Pasos Perdidos. Escritos sobre Ortega y Gasset*. Madri: Biblioteca Nueva, 2013.

MEDIN, Tzvi. *Entre la Veneración y el Olvido. La Recepción de Ortega y Gasset en España*. Madri: Biblioteca Nueva, 2014.

MOLINUEVO, José Luis. *Para Leer a Ortega*. Madri: Alianza, 2002.

ORRINGER, Nelson R. *Ortega y sus Fuentes Germánicas*. Madri: Gredos, 1979.

ORTEGA, Soledad (Org.). *José Ortega y Gasset: Cartas de un Joven Español*. Madri: El Arquero. 1991.

_____. *Imágenes de una Vita (1883-1955)*. Madri: Font Diestre, 1983.

REGALADO GARCÍA, Antonio. *El Laberinto de la Razón: Ortega y Heidegger*. Madri: Alianza, 1990.

ROBLES, Laureano (Org.). *Epistolário Ortega-Unamuno*. Madri: El Arquero, 1987.

RODRÍGUEZ HUÉSCAR, Antonio. *La Innovación Metafisica de Ortega in Ortega y su Tiempo*. Madri: Exposición organizada por el Ministerio de Cultura – Palacio de Velázquez del Retiro, mai.-jul. 1983.

SAN MARTÍN, Javier. *La Fenomenología de Ortega y Gasset*. Madri: Biblioteca Nueva, 2012.

VELA, Fernando. *Ortega y los Existencialismos*. Madri: Revista de Occidente, 1961.

_____. "Prólogo", "Conversación". *In*: ORTEGA Y GASSET, José. *Obras Completas*. t. 5. Madri: Taurus, 2004-2010.

Artigos de revistas

ALONSO DACAL, Guillermina. "La Rebelión de las Masas: Pronóstico de una Realidad Desafiante". *Revista de Estudios Orteguianos*, 2: 273-279, 2001 (Madri).

ALONSO FERNÁNDEZ, Marcos. "El Problema de la Futurición en Ortega y Marías". *Revista de Estudios Orteguianos*, 29: 155-179, 2014 (Madri).

ALONSO ROMERO, Elvira. "Meditaciones Políticas de Ortega y Gasset: Contexto y Actualidad". *Debats*, 124: 77-82, 2014 (València, Imprenta Provincial).

ARAS, Roberto Eduardo. "Ortega Lector de Ortega: Compresencia de 'La Rebelión de las Masas'." *Revista de Estudios Orteguianos*, 2: 253-264, 2001 (Madri).

ARENAS-DOLZ, Francisco. "Apuntes para una Retórica de la Mirada". *Debats*, 124: 83-91, 2014 (València, Imprenta Provincial).

ARON, Raymond. "Una Lectura Crítica de 'La Rebelión de las Masas'." *Revista de Estudios Orteguianos*, 12/13: 231-242, 2006 (Madri).

BENÍTEZ, Jaime. "El Ortega que Conocí". *Revista de Estudios Orteguianos*, 21: 175-185, 2010 (Madri).

CAMAZÓN LINACERO, Juan Pablo. "La Perspectiva Internacional de España Bajo la Dirección de Ortega". *Revista de Estudios Orteguianos*, 8/9: 109-132, 2004 (Madri).

CONILL SANCHO, Jesús. "Razón Experiencial y Ética Metafísica en Ortega y Gasset". *Revista de Estudios Orteguianos*, 7: 95-117, 2003 (Madri).

CORDERO DEL CAMPO, Miguel Ángel. "La Idea de la Técnica en Ortega". *Revista de Estudios Orteguianos*, 5: 169-181, 2002 (Madri).

CSEJTEI, Dezso. "La Presencia de Ortega y Gasset en la Obra de István Bibó". *Revista de Estudios Orteguianos*, 2: 199-213, 2001 (Madri).

CURTIUS, Ernst Robert. "Ortega". *Revista de Estudios Orteguianos*, 5: 191-203, 2002 (Madri).

DIÉGUEZ LUCENA, Antonio Javier. "La Acción Tecnológica desde la Perspectiva Orteguiana: el Caso del Transhumanismo". *Revista de Estudios Orteguianos*, 29: 131-153, 2014 (Madri).

FERNÁNDEZ ZAMORA, Jesús Antonio & HERRERAS MALDONADO, Enrique. "Introducción: las Circunstancias de un Centenario". *Debats*, 124: 36-41, 2014 (València, Imprenta Provincial).

FERNÁNDEZ ZAMORA, Jesús Antonio. "El Postmodernismo de Ortega y Gasset: La Superación de la Modernidad en 'Meditaciones del Quijote'." *Debats*, 124: 42-49, 2014 (València, Imprenta Provincial).

_____. "La Crítica de Ortega y Gasset a la Fenomenología. Las Influencias de Husserl y Natorp en la Elaboración de las 'Meditaciones del Quijote'." *Revista de Estudios Orteguianos*, 28: 117-130, 2014 (Madri).

FERRACUTI, Gianni. "¿Europa Invertebrada?". *Archipiélago. Cuadernos de Crítica de la Cultura*, 58: 109-113, nov. 2003 (Barcelona).

FERREIRO LAVEDÁN, María Isabel. "La Docilidad de las Masas em la Teoría Social de Ortega y Gasset". *Revista de Estudios Orteguianos*, 2: 223-229, 2001 (Madri).

FONCK, Béatrice. "Argentinidad y Europeísmo en Ortega: Dos Miradas Complementarias". *Revista de Estudios Orteguianos*, 29: 115-130, 2014 (Madri).

FRANZÉ, Javier. "¿Ética de la Política o Ética del Político? Ortega y la Relación Ética-Política en la Época de la Sociedad de Masas". *Revista de Estudios Orteguianos*, 2: 243-252, 2001 (Madri).

GONZÁLEZ CUEVAS, Pedro Carlos. "Las Polémicas sobre Ortega durante el Régimen de Franco (1942-1965)". *Revista de Estudios Orteguianos*, 14/15: 203-228, 2007 (Madri).

GONZÁLEZ QUIRÓS, José Luis. "La Meditación de Ortega sobre la Técnica y las Tecnologías Digitales". *Revista de Estudios Orteguianos*, 12/13: 95-112, 2006 (Madri).

GONZÁLEZ SORIANO, José Miguel. "Primer Centenario de la Revista 'Faro' (1908-1909): Origen, Trayectoria y Contenidos". *Revista de Estudios Orteguianos*, 19: 155-185, 2009 (Madri).

HERRERAS MALDONADO, Enrique. "La Importancia de la Estética en el Primer Ortega". *Debats*, 124: 58-66, 2014 (València, Imprenta Provincial).

IBÁÑEZ, Luis de la Corte. "Apuntes para una Filosofía de la Cultura en Ortega y Gasset". *Revista de Estudios Orteguianos*, 4: 111-127, 2002 (Madri).

JAHANBEGLOO, Ramin. "Leyendo a José Ortega y Gasset en el Siglo XXI". *Revista de Estudios Orteguianos*, 14/15: 95-104, 2007 (Madri).

LEDESMA PASCAL, Felipe. "El Mal Radical: Notas sobre 'La Rebelión de las Masas'." *Revista de Estudios Orteguianos*, 2: 131-135, 2001 (Madri).

LEYTE COELLO, Arturo. "España Invertebrada, ¿un Problema Filosófico?". *Archipiélago. Cuadernos de Crítica de la Cultura*, 58: 103-108, nov. 2003 (Barcelona).

LLANO-ALONSO, Fernando Higinio. "La Teoría Orteguiana sobre el Origen Deportivo del Estado".

Revista de Estudios Orteguianos, 16/17: 139-174, 2008 (Madri).

LÓPES DE LA VIEJA, María Teresa. "Democracia y Masas en Ortega y Gasset". *Revista de Estudios Orteguianos*, 1: 135-149, 2000 (Madri).

MARÍAS, Julián. "La Metafisica de Ortega". *Revista de Estudios Orteguianos*, 12/13: 217-226, 2006 (Madri).

MARTÍN, Francisco José. "La Dificil Conquista de la Modernidad (a Propósito de 'España Invertebrada')". *Archipiélago. Cuadernos de Crítica de la Cultura*, 58: 88-92, nov. 2003 (Barcelona).

MOREIRAS, Alberto. "'España Invertebrada' y la Multitud Bene Ordinata". *Archipiélago. Cuadernos de Crítica de la Cultura*, 58: 99-102, nov. 2003 (Barcelona).

MORO ESTEBAN, Pedro Luis. "La Crisis del Deseo. 'La Rebelión de las Masas' a la Luz de 'Meditación de la Técnica'." *Revista de Estudios Orteguianos*, 2: 215-222, 2001 (Madri).

ORRINGER, Nelson R. "La Crítica de Ortega a Husserl y a Heidegger: la Influencia de Georg Misch". *Revista de Estudios Orteguianos*, 3: 174-166, 2001 (Madri).

PARENTE, Lucía. "Panorama de la Filosofía Española del Novecientos". *Revista de Estudios Orteguianos*, 18: 193-209, 2009 (Madri).

PASCERINI, María Cristina. "Reflexiones sobre la Crisis de la Vida Colectiva en 'La Rebelión de las Masas' ¿Una Visión Dantesca de la Sociedad?". *Revista de Estudios Orteguianos*, 2: 265-272, 2001 (Madri).

PERIS SUAY, Angel. "El Concepto de 'Opinión Pública' en el Pensamiento Político de Ortega y Gasset". *Revista de Estudios Orteguianos*, 18: 229-260, 2009 (Madri).

_____. "El Liberalismo de Ortega más allá del Individualismo". *Revista de Estudios Orteguianos*, 6: 169-200, 2003 (Madri).

RABI, Lior. "Georg Simmel, Ortega y Gasset y el Retorno a la Metafísica Tradicional. Rumbo a una Filosofía de la Vida". *Revista de Estudios Orteguianos*, 23: 83-105, 2011 (Madri).

_____. "Reflexiones sobre la Cultura Burguesa: La Ética de José Ortega y Gasset". *Revista de Estudios Orteguianos*, 31: 91-113, 2015 (Madri).

RUIZ FERNÁNDEZ, Jesús. "Lectura Socialista y Keynesiana de Ortega y Gasset". *Revista de Estudios Orteguianos*, 27: 179-204, 2013 (Madri).

SALAS ORTUETA, Jaime de & FERREIRO LAVEDÁN, María Isabel. "Ortega, Tocqueville y la Compresión Histórica de la Sociedad". *Revista de Estudios Orteguianos*, 20: 179-192, 2010 (Madri).

SAMPER, Juan Ernesto Pflüger. "Ortega y Gasset como Representante de la Preocupación Social de una Generación: Vieja y Nueva Política". *Revista de Estudios Orteguianos*, 2: 137-144, 2001 (Madri).

SÁNCHEZ CÁMARA, Ignacio. "El Elitismo de Ortega y Gasset". *Revista de Estudios Orteguianos*, 19, 2009 (Madri).

_____. "Ortega y Gasset y la Filosofía de los Valores". *Revista de Estudios Orteguianos*, 1:159-170, 2000 (Madri).

SANMARTIN ARCE, Jaime. "La Ética de Ortega: Nuevas Perspectivas". *Revista de Estudios Orteguianos*, 1: 151-158, 2000 (Madri).

SUÁREZ NORIEGA, Guillermo. "El Círculo Humano de lo Social. La Continuidad Convivencia-Sociedad en el Pensamiento de Ortega y Gasset". *Revista de Estudios Orteguianos*, 2: 231-241, 2001 (Madri).

VILARROIG MARTÍN, Jaime. "Unamuno y Ortega, entre Energúmenos y Papanatas". *Debats*, 124: 50-57, 2014 (València, Imprenta Provincial).

VILLACAÑAS BERLANGA, José Luis. "Otros Principios acerca de 'España Invertebrada', de José Ortega y Gasset". *Archipiélago. Cuadernos de Crítica de la Cultura*, 58: 93-98, nov. 2003 (Barcelona).

Site

UNAMUNO, M. "De Unamuno". *ABC*, Madri, 15 set. 1909, p. 10. Disponível em: http://www.filosofia.org/hem/dep/abc/9090915.htm.